跨越古今不同知識領域

中國
三十大發明

主編　華覺明　馮立昇

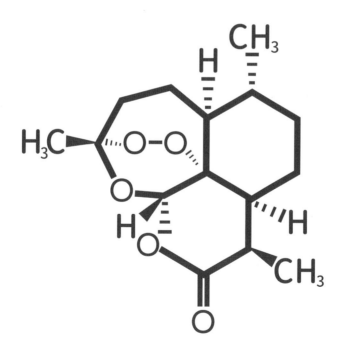

中華教育

前言

　　造紙術、印刷術、火藥和指南針,是不折不扣的中國大發明,相信大家對此都沒有爭議。綜觀歷史,有些發明因其具有突破性的意義而為後世傳頌;然而,還有些鮮為人知的發明卻如繆思女神為後來者帶來靈光一閃,它們也至關重要。甚麼發明有資格稱為大發明?大發明的標準是甚麼?這是有趣的話題。

　　界定「大發明」的標準不容易,要追尋古代「大發明」的始源更加困難。原因之一,是遠古世界各地之間已有超乎想像的緊密交流,彼此影響,有些發明的發明者可能不止一人,更可能不限於一地,由誰發明、何時發明、是否獨創,始終找不出確鑿證據,也便只好繼續爭議不休。不過,這反而令人更想為各項發明追本窮源,探究它們的發展與變化。

　　中國究竟有多少項大發明,是見仁見智的問題。本書所列的三十

大發明更非公認的定論，但可視為自遠古至當代一些發明的發展概略，旨在說明中國其實除了「四大發明」外，還有一些被忽略但同樣影響深遠的發明。本書所選貫通古今的三十項發明包括：粟作稻作、蠶桑絲織、漢字、十進位值制和籌算、青銅冶鑄術、鋼鐵冶煉技術、運河與船閘、犁與耬、水輪、髹飾、造紙術、中醫診療術、人痘接種，瓷器、木建築技術、中式烹調術、繫駕法和馬鐙、印刷術、茶的栽培和製備、天文觀察儀、水密艙壁、火藥、指南針、深井鑽探技術、生態農業、珠算、麴糵發酵、火箭與火銃、青蒿素和雜交稻。

以上所述的發明不少橫跨不同領域：數學、物理、化學、天文、地理、生物學、農學、醫學、文化等等。同時，有些發明的發展期也跨越不同時代，因此，本書粗略地把三十大發明按所涉及的主要領域分為七章，雖然不免有所不足，還希望讀者可以從書中有所得益。

編者

本書由二十多位專家的學術文章改編而成。原文的內容固然專業詳盡，然而，為了照顧普羅大眾，特別是年輕學子，原文中一些專門知識及數據都不得不割捨；原文引述的史籍古文、專門術語、背景資料等等，亦都盡量加以補充或說明。

本書由遠古的農業為開端，而以現代醫學的發明為結語。耕種令人類聚居一起，發展文明。粟稻的種植是農業的起始，《粟作和稻作》一篇便也成為本書的起始，與農業有關的文章也因而集結成為第一章。除了農業，文字同樣是文明發展的里程碑，有了紙和印刷術，古人的知識與文化得以流傳後世，傳播遠方。因此，文字、造紙術與印刷術是緊接農業以後的第二章。

金屬冶煉技術的發明與改良，促使青銅器及鐵器代替石器，令生產更有效率。髹漆技術產品與瓷器不但要求實用，更追求美感，是足以代表中國文化的藝術品，瓷器的燒製更是世界各地爭相學習的技術。因此，青銅及鋼鐵的冶煉技術、髹漆技術產品與陶器便安排在開首的第三章。

由第四章開始，涉及更多科學技術。算術與天文都起源自遠古，是古代科學的重要一環，因此一同在第四章。第五章是關於建築、工程技術的發明，包括水輪、木建築及深井鑽探，都是與物理學相關的技術。第六章是交通與運輸的發明，包括由水上的運河到陸上的馬鐙，特別是指南針的發明，影響遍及全世界。第七章是火藥與醫學的發明，兩者都關乎生死。本書最後一篇是《青蒿素》，青蒿素雖是現代醫學的發現，其靈感卻來自古代醫籍，有着承先啟後的意味。

如前所說，本書各篇文章由眾多專家所著，以下是各作者的簡介：

《粟作和稻作》：曾雄生，中國科學院自然科學史研究所研究員

《犁與耬》《珠算》：馮立昇，清華大學科學技術史暨古文獻研究所所長

《生態農業》：閔宗殿，中國農業博物館研究員

《雜交水稻》：辛業芸，國家雜交水稻工程技術研究中心研究員

《蠶桑絲織》：趙豐，中國絲綢博物館館長；劉輝，中國科學院自然科學史研究所助理研究員

《中式烹調術》：邱龐同，中國烹飪協會專家指導委員會委員

《茶的栽培和製備》《麴蘖發酵》：周嘉華，中國科學院自然科學史研究所研究員

《漢字》：鵬宇，西南大學歷史文化學院講師

《造紙術》《深井鑽探技術》：潘吉星，國家古籍整理小組成員

《印刷術》：張秀民，中國國家圖書館副研究員；韓琦，中國科學院自然科學史研究所研究員

《青銅冶鑄術》：盧本珊，曾任銅綠山古銅礦遺址博物館館長；蘇榮譽，中國科學院傳統工藝與文物科技研究中心主任

《鋼鐵冶煉技術》：華覺明，曾任清華大學科學史暨古文獻研究所所長；黃興，中國科學院自然科學史研究所助理研究員

《髹飾》：長北，中國傳統工藝研究會副會長

《瓷器》：楊永善，曾任中央工藝美術學院副院長

《十進位值制和籌算》：郭書春，曾任數學史天文學史研究室主任

《圓儀、渾儀到簡儀》：石雲里，中國科學技術大學科技史與科技考古系教授

《水輪》：黃興，中國科學院自然科學史研究所助理研究員；張柏春，中國科學院自然科學史研究所所長

《木建築技術》：郭黛姮，國家一級註冊建築師；安沛君，國家一級註冊建築師

《運河與船閘》：張偉兵，中國水利水電科學研究院高級工程師；周魁一，中國水利學會水利史研究會名譽會長

《水密艙壁》：席龍飛，中國海外交通史研究會終身顧問

《繫駕法和馬鐙》：陳巍，中國科學院自然科學史研究所助理研究員

《指南針》：戴念祖，中國科學院自然科學史研究所研究員

《火藥》《火箭與火銃》：游戰雄，中國文字博物館客座研究員

《中醫診療術》《人痘接種》《青蒿素》：牛亞華，中國中醫科學院中醫藥信息研究所研究員

目錄

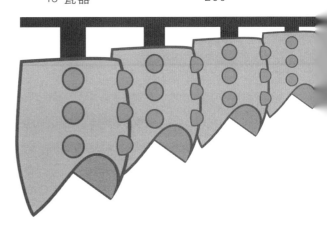

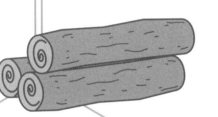

第 1 章

農耕、衣食的發明

發明 01

粟作和稻作

　　粟和稻，雖然一個產自北方，一個產自南方，是兩種不同的農作物，但兩者也有共通之處。首先，兩者同樣稱為「禾」或「穀」。「禾」是象形文字，更多時候指的是植株；「穀」是指所結之實。此外，穀脫殼後，粟和稻也都稱為「米」。稻的顆粒較粟的為大，所以稻又稱為大米，粟又稱為小米。

　　粟是中國最早的主要糧食，但自唐代開始，因為人口增長導致糧食需求增大，稻逐漸取代粟成為全國糧食的主角。

◎ 粟的不同名稱

粟，北方稱為**小米**，與粵語所稱的「粟米」屬於不同的農作物，兩者不可混淆（粵語的「粟米」指的是從美洲引入的農作物玉米）。此外，粟和黍又常合稱為**粟黍**。粟和黍，雖然在植物分類上不同「屬」，但二者的起源、傳播、種植和分佈常常在一處，栽培條件也相似，因此常有粟黍合稱的情況。在歷史上，粟和黍曾是主要的糧食作物。粟和黍的植株又稱為禾或苗。

粟，古時又稱為**稷**，為一年生草本植物，籽實為圓形或橢圓形小粒。籽實經脫殼去皮後，便是可以煮食的米，因為它相較於其他禾穀類如稻米和麥子，粒型偏小，因而又稱為小米。

黍，也是一年生草本植物，籽實叫黍子，淡黃色為多；磨米去皮後稱黍米，又稱黃米、糜子、夏小米等，粒徑大於粟米。黍的耐寒性較粟更強，古代的北方很早就開始種植。

◎ 粟的起源在哪裏？

粟的野生祖先遍佈世界各地，在農業出現前，人類已採食野生粟。粗疏地說，任何一個發現野生粟和早期人類活動的地方，都有可能是粟作的起源地。

據考古發現，東亞粟作農業起源可追溯至一萬年以前。當時全球氣候變暖，人類為應付生存而發展出農業。初期，粟或黍也許並不突出，只是人類試圖馴化的眾多作物之一。粟和黍具有早熟、抗旱和抗

興隆溝出土的炭化黍
內蒙古興隆溝發現已知最早的人工
栽培穀子和糜子，距今在 8000 至
7700 年之間。

熱等特性，同時蟲害較少，較易栽培，又易於貯藏，因而成為首選的栽培農作物。

與黍相比，粟最初也不佔優勢，甚至黍可能更重要一些。《詩經·豳風·七月》中提及幾種主要農作物「黍稷重穋，禾麻菽麥」，便以黍為首。戰國時期記載的「九穀」「五穀」，仍是以黍排首位。《周禮》中「九穀」是指黍、稷、稻、大麥、小麥、大豆、小豆、麻與秫（有黏性的粟）；「五穀」是指黍、稷、稻、麥、豆。在一些高寒地區，黍更是唯一的穀類農作物。

◎ 粟在周代開始佔據首位

然而，從周代開始，黍的地位逐漸為粟所取代。周人的祖先是后稷。后稷，名棄，相傳童年時就喜歡耕種。長大後負責農耕，教民耕種，帝堯封他為農師。稷，即粟；后稷，即司稷，意為主管農業生產和粟作種植。周最初就是農業部落，「周」字在甲骨文和金文中，像是田中播種或施肥。周人以此為族名，表示對農業的重視。

周人滅商建立周朝以後，粟的種植迅速普及，成為全國的主要農作物，種植範圍甚至擴展到長江以南，原本以水田稻作為主的地區。

自周代以來，直至宋代以前，粟一直是中國北方人最主要的糧食作物，被尊為百穀之長，故又有首種或首稼的稱謂。粟的歉收，意味饑荒的來臨。孔子編纂的《春秋》便只記載麥禾歉收，其餘穀物都不記載，可見粟的地位特別重要。

◎ 粟作各種技術的發展

紀元以前，傳統的粟作技術逐漸走向成熟。選擇種子、農具、肥料、種植方式等各方面都有改進。

首先，是**選擇良種**以提高產量，《詩經》中提及「嘉種（良種）」，表示大而飽滿的種子受到青睞。此外，當時的種子還有穜（早種晚熟）和稑（晚種早熟）的區別。

農具方面，《詩經》提及兩種農具「耜」及「鎛」，耜用於整地，鎛用於中耕（植株之間鬆土）及除草，說明當時的農具已較為鋒利。整地要深，清除雜草可以消滅害草，也防止雜草與莊稼爭水奪肥，而且雜草在腐朽之後，還可以為莊稼提供養料。

播種，是在整地和中耕之間的一個重要環節。播種需要使用一種農具「耰（木椰頭）」。耰的作用是把土塊打碎，目的是使土均勻地覆蓋在種子之上。

施肥，有助增加粟黍的產量。施肥以基肥為主。所謂**基肥**，是指在農作物播種或定植前，多年生農作物在生長季末或生長季初，結合

土壤耕作所施用的肥料。

此外，也可種植綠豆、小豆等作為綠肥。所謂**綠肥**，是指作為肥料的綠色植物。肥料的來源主要有牲畜糞、蠶矢（蠶蛾幼蟲的乾燥糞便）、馬骨等，這些肥料除可用於改良土壤外，還可直接與種子一起使用，用作**種肥**。

所謂種肥，是指施於種子附近或與種子混合一起的肥料。使用種肥的方式中最著名的是**溲種法**，最初記載於漢代的《氾勝之書》，相傳由神農和后稷等人發明並加以改良。經過溲種法處理的種子，外面包裹上一層以蠶矢、羊矢為主要材料的糞殼，這不僅可以減輕蟲害，還有助禾苗抗旱。

◎ 對抗乾旱的種植方式

壟作，是一種改善粟黍的生長環境以應付北方乾旱的種植方式。壟作由甽（下凹的溝）和畝（上凸的壟）組成。甽畝有較為固定的朝向，一般為東南方向，這樣便於排水。對於甽畝的整修，要求壟面平寬，壟溝狹而深，表土要求鬆細，下層要求堅實，為農作物提供良好的生長條件。播種時，根據地勢的高低和土壤含水量的多少來決定播種的

壟作法示意圖

位置。一般地勢較高的地方選擇種在溝中，而地勢低的地方種在壟上，這便是**畎畝制**。

在畎畝制的基礎上，又出現**區種法**和**代田法**。區種法傳說是商朝初年的宰相伊尹所發明，他把耕地分成若干份，在每份內集中肥水管理，以應對乾旱，並充分發揮土地的增產潛力。區種法可以應用在多種農作物上，其中包括禾黍。

代田由溝壟組成。在溝中播種，待出苗後，結合中耕除草將壟土壅苗，便可防風抗倒伏和保墒抗旱。所謂抗倒伏，是指直立生長的作物在生長過程中，遇到風、雨、澇等惡劣環境時仍能正常直立生長。保墒是指保持土壤濕潤，以利農作物生長。

至於壟和溝的位置，則逐年互換，給土地輪流休閑。傳說代田法由周代的祖先后稷發明，在漢武帝末年，由搜粟都尉趙過加以推廣。

農具方面，趙過還發明了一種畜力播種器「**耬車**」。耬車由耬斗、耬腳等構成，耬腳直通耬斗，斗貯種子，使用時，前面由畜力牽引，後由一人控制，種子順着耬腳播種到地中。開溝、下種、覆土等作業可以一次完成。耬車提高了播種效率，也使行距、深度及疏密保持一致，便於出苗後的通風透光和田間管理。

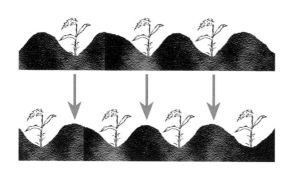

代田法示意圖
代田法配合適當的農具及步驟，可更有效地提高產量。

粟作技術愈趨成熟，粟的品種在漢唐時期顯著增加。《齊民要術》記載的粟類品種已達百餘個，有的產量高、有的味美、有的早熟、有的晚熟、有的耐旱、有的耐水、有的耐風、有的免蟲、有的免雀暴、也有的易舂。

土壤耕作技術方面，出現耕、耙、耱（耮）結合的整地技術，以保墒抗旱為目標，以及鋤、鋒、耩並用的中耕技術。此外，鎮壓、間苗、培土、灌溉、防霜露等也開始應用以增加粟作產量。

◎ 粟作文化滲入生活之中

在古代，粟是主食，也是主要稅收來源。「**社稷**」成為國家的象徵。自周秦以後，重農貴粟列為施政之首。西漢文帝時期開始「貴粟」政策，可以糧換取爵位，有罪在身的犯人也可以糧除罪。

粟作文化還滲透到曆法、算術、文字等領域，與生活息息相關。

回到歷史現場 ● ● ● ● ● ● ● ● ● ● ● ● ● ● ● ● ●

《齊民要術》
是記載粟作等旱地農業技術為主的古代農書，由北魏官員賈思勰所著。

《齊民要術》書影

耕地圖

耙地圖

耱地圖

甘肅嘉峪關魏晉墓壁畫

第 1 章　農耕、衣食的發明

例如甲骨文「**年**」的字形，上面是「禾」，下面是「人」，表示禾穀成熟，人在負禾。年的最初意思便是粟穀收成。因為一年一熟，所以「年」成為時間單位。

表示粟植株的「禾」，成為許多表示禾穀類農作物的字的偏旁，清代《康熙字典》以禾為偏旁的字更增至四百四十餘個之多。

由粟穀出米率的計算所引出的「粟率」問題，成為專門討論不同比率換算的方法。粟穀，是指沒有去除粟殼的子實，出米率是指水稻、粟等穀類作物的穀粒經碾磨後所得米粒重量佔未脫殼糧食重量的百分率。

以黍粟為準的度量衡，「一黍為分，十分為寸，十寸為一尺」「十二粟為一分，十二分為一銖」等，成了最基本的計量單位。

◎ 粟作地位被稻作取代

粟作一直是最主要的糧食來源，然而，人口不斷上升，在漢代，人口已達六千萬，唐代時，人口更達至八千萬至九千萬，糧食需求遇到前所未有的壓力。

在粟退居二線的時候，南方的稻嶄露頭角，成為首屈一指的糧食農作物，轉換的時間在公元 1000 年前後。

◎ 稻作的起源

在稻米源源不斷從南方運到北方，成為全國糧食供應的主角之前，

南方的苗、瑤、彝、漢、傣等各族的主糧已是稻米。

　　從植物學來說，稻「屬」植物共有二十至二十五「種」。其中栽培稻有兩種，即亞洲栽培稻和非洲栽培稻。其餘都是野生稻種。野生稻經過馴化成為栽培稻。稻的祖先分佈在東南亞和南亞，這些地區都可能是稻最早的馴化地。

　　在野生稻分佈的長江及其以南地區，自舊石器時代以來就有許多古老民族活躍，稱為「**百越**」族。百越族的先民種植野生稻的時候，就是稻作農業的開始。

　　在新石器時期的水稻遺址中，最早的遺存很可能遠至距今一萬年。在距今八千至四千年之間的新石器時代稻作遺址中，比較典型的有田螺山遺址、浙江餘姚河姆渡遺址和江蘇吳縣草鞋山遺址等。這些遺址除出土了水稻遺存外，還發現了可能用於稻田整地的骨耜以及多處水田遺迹。

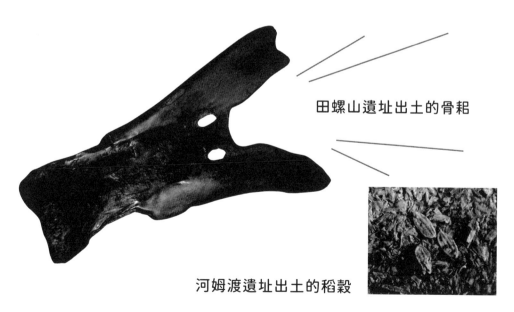

田螺山遺址出土的骨耜

河姆渡遺址出土的稻穀

《耕織圖》中的耕田圖

《耕織圖》中的耙田圖

《耕織圖》中的秒田圖

據考古發現，長江中下游是迄今發現最早的稻作地區，然後分別向北方的黃河流域、東南沿海和西南傳播。

◎ 稻田不斷擴展

大約在萬年以前出現的稻作，卻在千年前才得到長足的發展。唐宋以後，隨着人口增加，經濟重心南移，為了盡可能增加稻米產量，總是不斷擴大水稻種植面積，一方面將旱地改為水田，另一方面以圩田、梯田、塗田、架田等方式，與山爭地，與水爭田。與此同時，種

浸種

植技術亦不斷改進到精耕細作，包括以耕、耙、秒為主的水田整地技術，以育秧移栽為主的播種技術和以耘田為主的田間管理技術。

◎ 江東犁的出現

　　稻作農業的發展也是從改良農具開始。江東犁，是在唐代江東一帶出現的一種新耕田農具，根據唐代陸龜蒙《耒耜經》記載，江東犁

插秧

主要由十一個部件組成，其中犁鑱（犁鏵）、犁壁為鐵製，其他九個部件：犁底、壓鑱、策額、犁箭、犁轅、犁梢、犁枰、犁鍵、犁盤等，均是木製，而且操作靈活。江東犁的出現，表示犁的結構已基本定型。

　　與江東犁配合使用的還有耙、碌碡和礰礋以及耖等農具，它們構成了唐宋以後南方水田整地技術的基礎。與魏晉時期北方形成的以耕、耙、耱為主的旱地耕作技術不同，南方水田整地的特點在於耖的使用。

　　耖的作用在於平整田面，以適應水稻生長的需要。種植水稻要求

耘田

稻田中的水位必須均勻一致，以保證田中的稻苗均勻整齊地生長成熟。
這就要求耕起的土壤，除要疏鬆外，還要平坦。耖的出現令南方水田
整地技術更成熟。

◎ 水稻品種的推廣

和粟作一樣，為了適應不同的自然環境和社會條件，水稻栽培同

翻車

樣重視選種育種，盡量擴大適宜水稻種植的面積，以增加產量滿足不斷增加的需求。

北宋真宗年間，原產占城國（今越南中南部）的**占城稻**由福建引種到江淮兩浙。因其早熟、耐旱、不擇地而生，尤其適合於高仰之地種植等特點，不但促進了梯田的開發，同時也增加了糧食的產量。還有一種**黃穋稻**，因具有早熟、耐澇的特性，能夠在稻田水位超出實際需要的情況下正常生長結實，便很適合在低地開發。甚至皇帝也參與選

種育種和品種推廣。清代的康熙便運用單株選擇法，對水稻的變異植株進行選擇，成功培育出一種新的優良品種「**御稻**」，並向南北各地推廣。

◎ 育秧移栽技術

和粟作多採用直播栽培不同，唐宋以後，水稻栽培多採用育秧移栽的方法。水稻栽培需要有水的環境，這使除草變得更加困難。為了除草，便想出拔插的方法，先把長到一定高度的稻苗連同雜草一同拔出，清除雜草後，再將稻秧插回去。均苗和補苗也用此方法。在秧田中集中育秧，既有利於苗期管理、移栽後的田間管理以及稻田整地，也預留充分時間給予前茬作物生長。

唐宋以後，育秧移栽技術廣泛推廣，「秧稻」也因此為水稻栽培的代名詞。

◎ 異常艱苦的耘田

移栽便利了水稻田間的管理。在水稻田間管理的階段，耘田、烤田是其中最關鍵的環節。傳統稻作非常重視**耘田**（即去除雜草），前後要三番四次地進行。水稻耘田的方式主要有兩種：一種是手耘，也稱耘爪；另一種是足耘。宋元時期發明了一種新的耘田工具和方式，即耘盪。這是借用旱地上使用改良的鋤頭除草的方法。

耘田艱苦，尤其是手耘，蚊蟲叮咬，加上天氣炎熱，農民在田間

牛轉水車

筒車

戽斗

苦楚異常。為了減輕體力負擔，保護自身，古人因此發明了一系列農具來輔助，如耘爪、薅馬、覆殼、臂篝、通簪等。

◎ 各種灌溉工具

耘田往往配合灌溉一同進行。水稻需要的水量較大，尤其是進入秋季的晚稻。缺水嚴重影響水稻產量。為免因缺水而嚴重影響產量，古人在興修水利的同時，也發明了多種灌溉工具，如翻車、筒車、戽斗、桔槔、水梭等。

灌溉不僅可以提供充足的水分，同時也可以調節稻田溫度。西漢時期，人們已利用稻田水流進出口的位置安排來調節水溫。春季尚冷

時，為水保暖，要讓田水留在田間，多曬太陽，所以進水口和出水口要在同一直線上。防止夏天水溫上升太快，進水口與出水口交錯，以便田水流動，有利降溫。

烤田（靠田）是另一種控制稻田水分和溫度的措施。在秧苗生長茂盛的大暑時節，放乾稻田中的積水，讓日光暴曬，起到固根作用，稱為「靠田」。固根後，重新將水車入田中，稱為「還水」。烤田可以改善稻田環境，防止秧苗瘋長倒伏，提高抗旱能力和水稻產量。這種技術在《齊民要術》中出現，在宋元時期成熟，到明清時期江南稻田普遍使用。

◎ 哪個地區是產米之冠？

稻作技術是宋代以後農業發展的支柱。公元 1000 年前後，中國人口首次突破億人大關，據明末**宋應星**的估計，全國的糧食供應中，稻米約佔七成，而小麥等只佔三成，可以說，超過半數人口以稻米為主要糧食。從南宋開始，民間就出現了「蘇湖熟，天下足」和「湖廣熟，天下足」的說法。蘇（州）湖（州）、湖廣（湖南、湖北）所在的長江中下游地區正是稻米的主產區。

發明 02

犁和耬

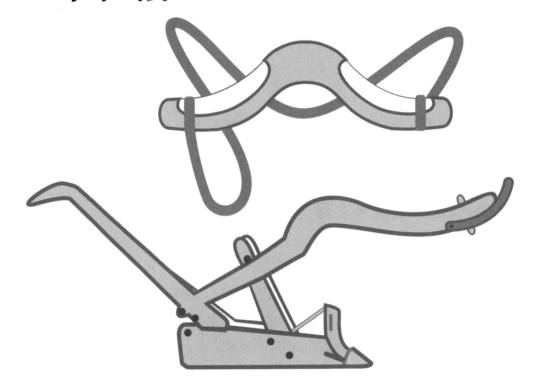

　　犁與耬，關係密切。犁用於土壤的耕翻或深鬆，是最常用的耕作機械。耬用於播種，可以控制播種量、穴（株）距和播深，是北方使用的一種農具，早在漢代就已開始使用。兩者在農業史和機械史上都佔有重要地位。

◎ 犁的登場

最初，發明了耒耜用來翻整土地，後來，耒耜又發展成犁。鏵式犁是最常用的耕作機械。它主要由犁鏵、犁壁、犁轅等部件組成。犁鏵和犁壁的工作面是光滑的犁體曲面，不同的犁體曲面有不同的翻土、鬆土、碎土和覆蓋雜草殘茬等作用。

中國傳統的犁為鏵式犁，並在漢代使用犁壁。經過唐代**陸龜蒙**的改進後，犁的結構更加完善，奠定了古代曲轅犁的基本形式。

◎ 石器時代的犁

犁的出現可追溯到新石器時代。在良渚文化中已普遍發現石犁、破土器和耘田器，都是水田耕作的工具。石犁呈扁薄等腰三角形，兩腰有刃，中部有一至三個孔。小者長僅 15 厘米，大者長近 50 厘米，

浙江餘杭出土的良渚時期的石犁

浙江餘杭出土的良渚時期的破土器

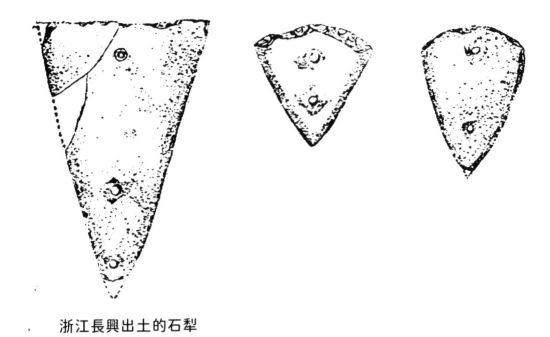

浙江長興出土的石犁

後端略平或內凹。犁耕的出現，不僅提高了翻地的效率和質量，亦為使用畜力提供了條件。

商周時期石犁製作水平有明顯提高。在浙江長興縣出土了一批商周時期的石犁，其形狀與新石器時代的石犁不同。據分析，這是用人力牽引的鬆土工具。其上下夾以木板，只露出刃部，避免因質地脆弱而折斷。後來呈等腰三角形和等邊三角形的銅、鐵犁鏵，都是從這個時期的石犁演變而來。商、西周已出現銅犁。但出土數量很少，估計並未普遍使用。

商代銅犁

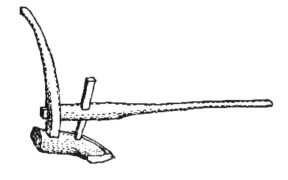

戰國 V 形鐵鏵冠木犁復原圖
鐵鏵冠可以更換，以保持犁鏵鋒利

戰國鐵鏵冠
河南輝縣固圍村出土

◎ 鐵犁的出現

由於農業耕作的需要和製作材料的變化，春秋戰國時期農具的種類和形制也得到發展。目前出土的春秋戰國時期鐵農具，包括钁、鐮、鍤、鋤、鏟、耙、犁鏵等，基本上，已能應付農業生產中開墾、耕翻、平整、除草鬆土、收割等不同環節的要求。

到戰國時期已有成套而小型且高效率的農具和農業機械。農具的製作材料也有變化，特別是鐵器已經廣泛應用。影響最大的，首推犁

耕的出現。在出土的戰國農具中，已有鐵犁鏵。在戰國時的魏、燕、趙、秦等地區都有鐵犁鏵出土，牛耕也已逐漸被採用。

鐵犁鏵多為 V 形犁鏵冠，將這種鏵冠嵌入木犁頭，可以鬆土划溝，不過還不能翻土起壠，作用雖有局限，但比「耒耜耕」效率大有提高。

◎ 秦漢時期推廣鐵農具

秦漢時，鐵器廣泛使用，耕犁亦已定型，牛耕的普及是社會生產力發展的里程碑。陝西、河南、山東、河北、甘肅、福建、遼寧、四川等地都有漢代鐵犁鏵出土。秦始皇陵園北門外出土了一件全鐵犁鏵，兩翅交叉處，有長 5 厘米、寬約 1 厘米的脊樑。在臨潼縣陳家溝遺址亦發現秦朝的全鐵犁鏵。這兩件秦犁鏵比戰國時期流行的 V 形鏵冠較大，翻土比戰國犁更深。

◎ 牛耕的普及

漢武帝時積極推廣鐵農具，牛耕進一步普及。**《鹽鐵論》**說：「**鐵器，民之大用也。**」這反映了漢代非常重視鐵器。漢代犁鏵出土地點多達四五十處，多為全鐵犁。包括舌形大犁鏵、小犁鏵和巨型犁鏵。

漢代在耕犁上開始採用犁壁裝置。犁壁又稱犁耳或犁鏡等，裝置於犁鏵的上方，可使耕犁不僅能進行鬆土、碎土作業，而且還能向一側翻轉土垡，把雜草埋在下面作肥料，同時還有滅蟲的作用。山東安丘、河南中牟和陝西西安、咸陽、禮泉等地都有漢代鐵犁壁出土。

　　陝西出土有漢代舌形大犁鏵，同時還出土有 V 形鏵冠與犁壁。出土時，V 形鏵冠有的套合於鏵的尖端，有的單獨存放。犁壁安裝在犁鏵的上方，犁壁與犁鏵後部都有曲面，共同組成接近連續的曲面，一般耕深大於耕寬。低速時，也可碎土成壠。

　　出土的漢代犁壁可分為兩大類：一類為菱形、瓦形、方形缺角犁壁，這種犁壁只向一側翻土；另一類為馬鞍形犁壁，這種犁壁兩側都能翻土。

　　根據漢墓出土的犁耕圖，犁已基本定型，一般由犁轅、犁梢、犁底、犁鏵、犁壁組成，並可用犁箭調節耕地深淺。

　　東漢以後，南方也逐步推廣牛耕。當時的直犁轅計有單直轅和雙直轅兩種，前者採用**二牛抬槓**合力牽引一犁的耕作方式，即所謂的「二牛抬槓」；後者則採用一牛牽引一犁，其犁箭可調節耕作深度。二牛抬槓式始見於**趙過**行**代田法**之後，與使用畜力及大型犁鏵有密切關係，

正面圖　　　　　　　背面圖　　　　　　　側面圖

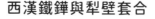

西漢鐵鏵與犁壁套合

漢代牛耕畫像石

東漢牛耕畫像石

是生產力發展的重要標誌。

陝西綏德王得元墓出土的**東漢牛耕畫像石**，畫面分為四格，第三格刻畫了一人一牛耕作的情形，農夫在一棵茂盛的扶桑樹下手扶耕犁，舉鞭驅趕耕牛前行、耕作。這種**一牛一犁**方式，犁上設有可調節耕地深度的犁箭，是較為先進的耕作方式。雖然漢代之後二牛牽引逐漸減少、一牛牽引逐漸增加，但直到魏晉南北朝才推廣開來，而隋唐時期仍在使用。

到漢武帝時，耕犁的三個重要組成部分犁架、犁頭、犁式都已初步定型，從耒耜到犁已完成根本轉變。而這一轉變，是從趙過施行代田法，推廣耦犁開始的。

到了魏晉南北朝，耕犁的犁頭和轅又發生了一些變化。犁頭形狀從漢代的等腰三角形改變為牛舌形，狹長，更切合一牛牽引耕田及耕泥濘田的需要。由於長直轅操作時不方便，特別在山澗丘陵地區，回轉艱難，北魏時，在山東地區發明了比長直轅犁便利的蔚犁。

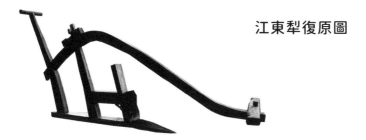

江東犁復原圖

◎ 江東犁登場

　　隋唐時期，曲轅犁的出現是中國耕犁的重大技術革新。唐代陸龜蒙的《耒耜經》，詳細記述了當時江東地區普遍使用的耕犁的部件、尺寸和功用。江東犁的構造是由金屬製造的犁鑱和犁壁，以及由木材製造的犁底、壓鑱、策額、犁箭、犁轅、犁梢、犁評、犁建、犁盤等十一個部件組成。唐代陸龜蒙改進後的**曲轅犁（即江東犁）**，具有結構簡單、堅固耐用、操作省力、調節方便、耕作平穩等優點。

　　江東犁的犁壁在犁鑱之上，組成一個曲面的複合裝置，用來起土翻土；犁底和壓鑱把犁頭緊緊地固定下來，增強了犁的穩定性；策是捍衛犁壁的；犁箭和犁評是調節犁地深淺的裝置，調整犁評和犁箭，犁轅和犁牀之間的夾角便可變大或縮小，令犁頭深入或淺出；通過犁梢可以掌握耕地的寬窄。最重要是採用了短曲轅。由於以前的犁採用直轅長轅，耕地的時候，回頭、轉彎都不夠靈活，起土費力，效率也不高。江東犁則大大縮短了轅的長度，淘汰了犁衡，使犁架變小，重量減輕，出現了犁盤、耕索和曲軶，從而節省了畜力，只需一頭牛牽引，改變了漢魏以來長期採用的二牛抬槓方法。

◎ 長曲轅與短曲轅

　　從陝西李壽墓壁畫的牛耕圖可以看到，**長曲轅犁**在唐代初期已出現。但這種犁和漢代的二牛抬槓式犁一樣，用兩牛牽引，只是將長直轅改為長曲轅，使犁轅末端和犁衡與牛肩的角度變小，減少牛的體力

負擔。

而江東犁改為**短曲轅**，轅之前端有盤可以轉動，繫繩索拴在曲軛套在一頭牛上，不但節省畜力而且轉彎靈活，佔地面積小，特別適合南方的水田耕作，因此在江東地區首先出現，並得到推廣。一般認為，江東犁來自江南的民間，時間約在唐代中晚期。

江東犁的曲轅與犁盤的出現，是傳統耕犁的一大進步。但傳動動力的部件與工作機械尚為一體，未能充分利用牽引力，操作靈活性也

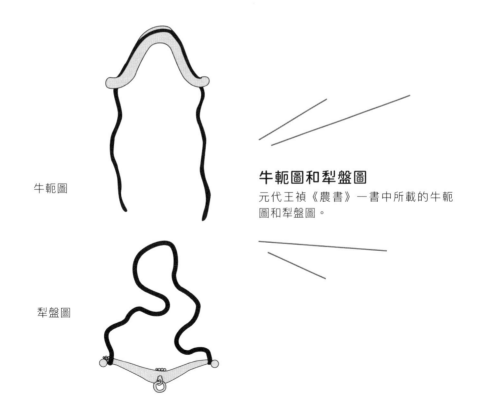

牛軛圖

犁盤圖

牛軛圖和犁盤圖
元代王禎《農書》一書中所載的牛軛圖和犁盤圖。

遼金時期遺址出土的掛鈎

有待改善。宋代開始，民間耕犁採用了掛鈎和軟套，將犁身和制服牛的工具分隔開來，成為相對獨立的部分。牛、犁的分離，使犁的結構也發生了相應的變化，犁轅大為縮短，犁身形體也明顯減小，同時部件數量也相應減少，

犁的重量明顯減輕。這樣，耕犁結構更完善，操作更靈活、便捷，牛耕不但適用於水田、平地，而且被推廣到山區，即使在梯田上也可使用。傳統耕犁到這時已發展到完善地步。

元代王禎《農書》記載了牛軛圖和犁盤圖。牛軛也稱肩軛，在軛之兩端分鑿兩個孔，在其下繫一短繩，以控牛項。此時犁盤已與軛分開，兩端有孔，上繫耕索，中間設有圓環，以掛鈎與軛接連。牛軛、耕索、耕架連成一體，組合成軟套，即犁之傳動部分。

◎ 江東犁的進化

　　明清時期，大都延續了宋元時期的製作耕犁工藝和使用方法，沒有太大變化。明清以來，人口不斷增加，人均佔有耕地面積日益減少，傳統的農具仍能滿足農業生產的需要。儘管農業生產力的提高，並非表現在農具上，但在民間，仍然有人致力於耕犁的改進或發明，也出現了一些改進型的農具。早期耕犁耕地的深度只有幾寸，民間有「老三寸」之說。到了明清時期，出現了深耕的大犁。

山西平陸西漢晚期墓室壁畫上的三腳耬

　　至清代晚期，如江蘇地區使用的犁，犁轅均為鐵製曲轅，結構簡化而不影響耕地的功效，至今仍被農民沿用。明清時期，牛與犁的連接方法也有改進。從原來的套鈎改為豎置圓環，橫置 S 形套鈎，使牛套左右有更大的擺動度，操作起來十分方便和靈活。

◎ 耬的發明與改進

　　耬車發明於西漢時期，此後得到進一步推廣。漢武帝末年為發展農業生產，推行代田法，將一畝田做成三畎三壟，每畎寬深各一尺，作物種在畎內（即低畦裡），畎和壟的位置逐年輪換。由於代田法要求作物所在位置橫豎、疏密均勻，播種用撒播、點播難以符合要求，因

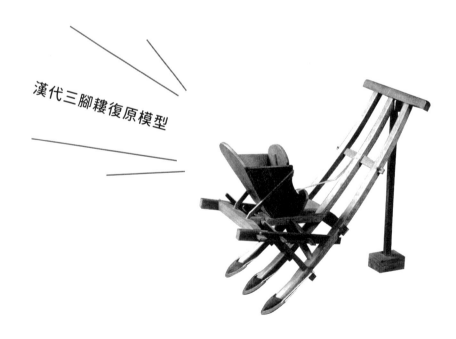

漢代三腳耬復原模型

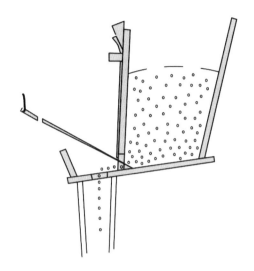

早期下種調節器構造示意圖

調節、疏通要借助一細長木棒或鐵條進行，
其一端被削細，從排出孔斜插入斗室，抵於
斗室的底板上，其粗的一端用繩索繫於耬的
把手上。播種時，耬左右晃動，稍微按動繩
索，木棒或鐵條便擺動，使種子順利通過排
出孔。

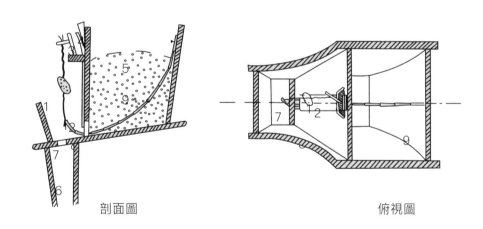

剖面圖 俯視圖

1. 小重錘 2. 懸繩 3. 閘板 4. 楔子 5. 種子 6. 漏管 7. 分種室 8. 排出孔 9. 細竹條

經改良的下種調節器構造示意圖

此必須用耬車進行條播。東漢崔寔《政論》中介紹過的「三犁」，實際上指的就是三腳耬。

考古資料中，也有反映耬的壁畫出土，如山西平陸棗園西漢晚期墓室壁畫上就有耬，畫面上有一人在輓耬下種，所用耬車正是三腳耬。在甘肅嘉峪關魏晉畫像磚上也有以牛輓耬的形象。

元代的王禎《農書》對耬車有詳細記載：播種時，一牛拉耬，一人扶耬，種子盛在耬斗中，耬斗通空心的耬腳，邊行邊搖，種子便自動播下。它能同時完成開溝、下種、覆土三道工序，一次能播種三行，下種均勻，大大提高了播種效率。

在農業生產中，播種是重要的環節。三腳耬可同時完成下種、覆蓋、壓實等工作，使播種方法有了重大改進。三國時，魏國皇甫隆為敦煌太守，曾教百姓製作耬犁，有學者分析認為，當時所有耬犁都是

回到歷史現場 •

《王禎農書》
又稱《農書》，共三十七集，是元代王禎所寫的一部農學著作。王禎是山東東平人，是農學家，也是活字印刷術的改進者。他提倡種植桑、棉、麻等經濟農作物和改良農具。

《農書》中的水磨插圖

三腳耬。北魏時，又發明了一腳耬、兩腳耬，使耬的種類有所增加。直到今日，三腳耬仍在中國一些農村地區使用。

　　一般而言，耬由耬架、耬斗及下種調節器、耬鏵三部分組成。耬架部分主要由耬梢及其把手、耬盤、耬轅構成，容種部分包括裝種子的斗室、下種調節器及漏種管等構件，切土開溝的部件為耬鏵，也稱開溝鑱。梢與腳為一體，是耬架的主要部件，大致與耬轅相接的上部為梢與把手，下部為耬腳以便安裝耬鏵。二腳耬有兩個漏種管，三腳耬有三個漏種管。耬轅為兩根，比較長，可直接套在家畜身上。

　　耬最為關鍵的部分是下種調節器。早期下種調節器構造較為簡單，經過改良後，耬車播種時，耬左右晃動，懸重塊也左右擺動，並帶動細竹條在排出孔處左右搖動，便可疏通種子。這種調控裝置，十分簡單，操作也比較方便。

發明 03

生態農業

　　古時候的生態農業，已然在持續發展的前提下，進行精細的生產與經營方式，提高糧食產量，並保持生態平衡，以解決耕地少而人口多的難題。這包括土地利用與土壤改良、農作物的栽培、掌握農時、積肥施肥、選種育種、防治害蟲等，各項因素互相配合，為農業生產創造有利條件。

◎ 開發丘陵山地

　　古時，已有不同的方式開墾一些荒蕪之地，例如丘陵山地、河湖灘地、濱海灘塗等。

　　最初，在丘陵山地只是順坡而種，人稱為畬田。缺點是水土流失十分嚴重，一般只能種三年，之後就不能再用。

　　到宋代，出現新的山地利用方式，依山的坡度，等高線築成堤埂，埂內開成農田。有堤埂的包圍，得以防止水土流失。這樣，便將墾山用山和治水治土結合起來。這種田層層而上如階梯，稱為 **梯田**。梯田之名，最初見於宋代范成大的《驂鸞錄》中。

　　還有一種方法，就是將山地分成數層。在開墾的山上，自上而下劃分為七層，五層以下可以開種，先開底層，逐漸而上。這樣，山上的泥肥便不會流失而留於田中，旁邊再修山澗，蓄水以便灌溉之用。

◎ 開發河湖灘地

　　長江流域一帶常利用河湖灘地增加農地，主要方式是築堤擋水衛田，堤內可圍田，堤外可圍水，這種田稱為 **圍田**，也叫 **圩田**。圩田起先修築比較簡單，後來發展成堤岸、涵閘、溝渠相結合的圩田。這種圩田可使昔日的荒灘棄地，一變成為肥沃良田。北宋時的安徽當塗、蕪湖兩縣圩岸連接起來長達二百四十餘公里。南宋時，太湖周邊的圩田多達一千四百餘所，圩田有效地擴大了耕地面積。此外，還有淤田、櫃田、沙田等，雖然規模不大，但都是因地制宜的灘地利用方式。

梯田

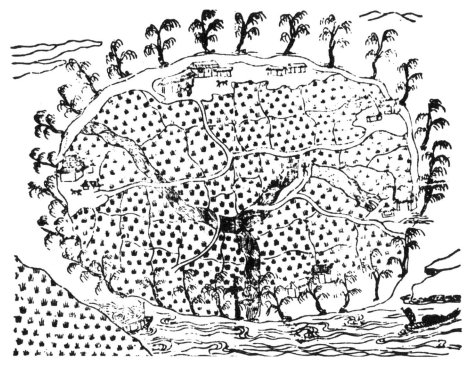

圩田

◎ 開發海塗灘地

　　對海塗灘地的利用方法，先是築堤，藉以擋潮，繼後是開溝排鹽、蓄淡水灌溉，由於海塗含鹽分很高，一開始不能種莊稼，必須先經過一個脫鹽的過程。方法是起初種水稗，以改良鹽鹼土為稼田，這是利用生物脫鹽。經治理後，其稼收比一般的田地多數倍，效益顯著。

第 1 章　農耕、衣食的發明

塗田

◎ 改良鹽鹼地的方法

古代已認識到不同的土壤，可以用不同的方法來治理，例如北方的鹽鹼地與南方的冷浸田。**稻洗鹽**是最早使用的治鹽鹼方法，種稻和洗鹽二者結合，既可種稻又可改良土壤。戰國西門豹治鄴時，已用這方法，以後為歷代所沿用。

開溝排鹽也是治理鹽鹼地的一個古老方法。戰國時，《呂氏春秋·士容論·任地》中有這樣的記載：「子能使吾土（土）靖而鈉浴土（土）乎？」意思是說：「你能讓土潔淨 (不含過量的鹽鹼)，用溝洫來洗土嗎？」開溝排鹽比較簡單，因而也為後世所沿用。

淤灌壓鹽是戰國時期出現的治理鹽鹼地的方法。秦王嬴政元年 (公元前 246 年) **工匠鄭國**在修建鄭國渠時，「用注填閼之水，溉澤鹵之地」。結果治理好了大片鹽鹼地，關中變成沃野，被人稱為「天下陸海之地」。宋代神宗熙寧時期，河南、河北、山西、陝西治理鹽鹼地，也採用了這一辦法。

除此之外，還有**綠肥治鹼、種樹治鹼**的方法，都是生物治鹽鹼的有效措施；還有**深翻治鹼**，這是耕作治鹼的辦法。這些方法都流行於明清時期，據方志記載，都有明顯成效。

◎ 改良冷浸田的方法

冷浸田是分佈於南方的酸性土壤，土溫低，缺磷、鉀元素，因而

影響水稻生長及產量。改良的辦法，一是深耕熏土，以提高土溫；二是冬耕凍垡（翻土）；三是施用石灰、骨灰治理。這一措施可以中和酸性土壤，補充磷、鉀元素，還可以酥鬆土壤，多見於地方志的記載，效果亦很明顯。此外，還有利用**烤田**治理冷浸田的情況。

◎ 輪作和複種

　　輪作、複種農業技術是古代重要的措施，以提高土地利用率和產量。在戰國時期已經出現，到了東漢，輪作又有發展，形成禾、麥、豆輪作的兩年三熟制。

　　魏晉南北朝時期，出現以豆科農作物為中心的種植制度，包括豆科農作物同禾穀類農作物的禾豆輪作制，以及豆科綠肥同其他農作物

回到歷史現場

《天工開物》
明代科學家宋應星所著的《天工開物》，是一部綜合性的科學技術巨著，可說是當代的百科全書。
《天工開物》初刊於明崇禎十年。記載了明朝中葉以前的古代技術，涵蓋範圍甚廣，從農耕技術、武器到採珠各行各業都包括在內。書中插圖更多達百餘幅。

《天工開物》書影

輪作的綠肥輪作制。北魏農學家賈思勰在**《齊民要術》**中的總結如下：

第一，多數農作物不宜連作，需要輪作，並指出輪作可以消滅雜草、減輕病蟲害及提高產量。

第二，綠肥輪作制是種「美田之法」。利用夏閑地種植綠肥，秋翻後次年種穀，其肥效與蠶矢和熟糞相媲美，又能獲得「畝收十石」的產量。

唐宋時期，北方人口大量南移，一向地廣人稀的江南地區，顯得人多地少；北人南移，又增加了對南方麥子的需要，麥價因此暴升，於是，江南地區開始利用稻田的農閑時期來種麥，這樣便在南方形成了**稻麥一年兩熟制**。這種耕作制首先出現於唐代的雲南，到宋代才發展到長江下游。

宋代，除稻麥輪作制外，還有稻油菜、稻蠶豆、稻蔬菜的輪作方式。江南當時推行這種耕作制，優點有二，一是提高土地利用率，為緩和耕地不足，開闢了一條新途徑。第二，可以水旱輪作，熟化土壤，有助提高地力。至今仍是江南稻區的主要種植制度。

明清時期，人口繼續增長，南方的雙季稻、三熟制和北方的兩年三熟制便因急於解決糧食問題而形成。

雙季稻的種植主要有兩種形式，一種是連作稻，即一年內在同一塊田地先後種兩季稻。明代宋應星**《天工開物》**中記載了一種**間作稻**，即在同一田地上分行相間種植兩種作物，主要流行於浙江、江蘇、福建等地。

三熟制主要流行於長江流域以南和華南沿海一帶，這一帶氣溫較

高，種植方式是雙季稻加一季旱作，稻－稻－麥一年三熟便是其主要種植方式。除此之外，還有稻－稻－稻－稻－稻－薯－稻－稻－蘿蔔，麥、稻、豆等三熟制。

北方，主要推行三年四熟制和兩年三熟制，種植的基本形式是以糧食為主，適當加入養地農作物，配以油料農作物和秋雜糧。

◎ 循環使用生態資源

明清時期，新出現一種結合水陸資源和農作物資源的生態農業。這種農業經營，最初見於明代嘉靖年間的常熟地區，據《常昭合志稿‧軼聞》記載：當地有譚曉、譚昭兄弟，善於經營，見當地湖田低窪，常遭水淹，鄉民棄耕逃散，便僱用鄉民來開墾湖田，將最低之地鑿而為池，稍高之地圍而為田，歲入比一般田地高三倍，又在池中養魚，池上設架養豬養雞，糞用以餵魚，圍堤上間種梅、桃等果樹，低窪地中種菰、茈、菱、芡，收入又比田地所入高三倍，譚氏兄弟因此致富。

這種「糧、畜、漁、果、菜」的綜合經營方式，便是最初的人工生態農業。後來，傳到了浙江嘉湖地區，當地人根據當地的資源，以農養畜，以畜促農；以桑養蠶，以蠶矢養魚，以魚糞肥桑，循環利用資源，取得了土壯田肥、糧豐桑茂的成果。繼而又在珠江三角洲發展起來，當地也採用養魚、種桑、種稻、養蠶相結合的經營方式，形成了桑基魚塘的生態系統，並取得生態和經濟效益。除桑基外，還有果基、稻基、蔗基、菜基等。

◎ 二十四節氣

春秋戰國時期，開始以二十四節氣來掌握農時。二十四節氣是根據地球圍繞太陽公轉所處的不同位置而設定，把一年劃分為二十四節氣，每一等分（即一個節氣）代表着不同的冷暖乾濕，而這些氣候變化，又正好和黃河中下游氣候變化的實際情況相同，因此，根據二十四節氣進行農業活動有助農業生產。

◎ 物候指時

由於各地的自然環境不同，二十四節氣在不同的地區氣候狀況也會有差別，為了正確掌握農時，人們又創造了物候指時的辦法，以補充二十四節氣的不足。物候是利用植物的發芽、開花、結實，候鳥的遷徙，自然界的初霜、解凍等現象來指示季節氣候的變化，因而更具體，更準確。

這種掌握農時的方法，春秋戰國時期已在農業中應用。如**《呂氏春秋・士容論・任地》**中說：「冬至後五旬七日，菖始生，菖者，百草之先生者也，於是始耕。」菖，是指菖蒲。文中以菖蒲開始生長為物候，作為始耕期的標誌。

元代農學家王禎將曆法、節氣、物候、農事結合到一起，創著了**《授時指掌治法之圖》**，簡稱《授時圖》。該圖包括一年十二個月，每月包括兩個節氣，以及該月的物候和農事活動。

◎ 積肥和施肥

積肥和施肥是生態農業的重要部分。古代有「惜糞如惜金」「用糞如用藥」之說。前者說的是積肥重如積黃金，後者說的是施肥應如看病對症下藥。肥料，古代稱為糞；施肥，古代稱為糞田。在戰國時期的文獻中，已有施肥的記載。

古代的肥料，主要來自家庭生活中的廢棄物，農產品中人畜不能利用的部分，以及江河、陰溝中的污泥等，本是無用之物，但積之為肥，即成了莊稼之寶。古代肥料種類特別多，通稱之為農家肥。

戰國時，已使用人糞尿、畜糞、雜草、草木灰等作肥料。秦漢時期，蠶矢、繰蛹汁、骨汁、豆萁、河泥等用作肥料已見於記載，其中廄肥

回到歷史現場 ● ● ● ● ● ● ● ● ● ● ● ● ● ● ● ● ● ●

二十四節氣
從二十四節氣的名稱便可知氣候的變化和物候的現象。
例如表示季節來臨的有：立春、春分；立夏、夏至；立秋、秋分、立冬、冬至。
表示氣溫變化的，包括：小暑、大暑、處暑、小寒、大寒。
與降水量有關的，包括：雨水、穀雨、白露、寒露、霜降、小雪、大雪。
有關物候或農事活動的節氣包括驚蟄、清明、小滿和芒種。

使用特別發達。

魏晉南北朝時期，除了使用上述的肥料外，又將舊牆土和栽培綠肥作為肥料，其中栽培綠肥，在肥料發展史上具有重要的意義，它開闢了一個取之不盡、用之不竭的再生肥料來源。到宋元時期，一些無機肥料如石灰、石膏、硫磺等也開始應用。據統計，這一時期的肥料約四十五種，其中餅肥和無機肥的使用，是這一時期的新發展。

明清時期，隨着多熟種植的飛速發展，對肥料的需求空前增加，肥料的種類也因此不斷擴大。其中有機肥料佔絕大多數，施肥便以有機肥為主、無機肥為輔。

古代十分重視肥效的保存。方法有兩種，一是設置糞屋，以防肥效走失。二是設置田頭糞窖，一用以保肥，二也便於運輸。這一種方法，直到近代南方的農田仍在使用。

◎ 農業防治法

解決蟲害可以確保農作物豐收。在防治蟲害問題上，古人採取了多種多樣的措施，大致可分為三大類，即農業防治、藥物防治和生物防治，其中又以農業防治為主。

農業防治是通過各種農事操作，來控制田間的生物羣落，改變害蟲的生活環境，消滅或減少蟲源。例如深耕治蟲，輪作防蟲，而適時種植也可防蟲。

《沈氏農書》記載，選擇適當的時機插蒔，可以避開蟲害。此外，

也可選用抗蟲的品種。《齊民要術‧種穀》便記有十四個品種不怕蟲
害。清除雜草等也可減少蟲害，《治蝗全法》說：「**治蝗於無蝗之先者，
必須於此等生蝻處所，將草盡行去，則根既可消除。**」

◎ 藥物防治法

除農業防治外，古代也用藥物來防治害蟲，植物性藥物有草木灰、
苦參、百部、桐油等數十種。《治蝗書》中所載百部殺蝗子，「其法
用百部草煎成濃汁，加極濃鹼水，極酸陳醋」，用鐵絲戳破地中藏蟲
卵之處，「隨用壺內之藥澆入」，次日「再用石灰調水，按孔重截重
澆一遍，則遺種自爛，永不復出」。植物性藥物是古代大量使用的農
藥，它無殘毒，不污染，可以保護農業生態。

在礦物性藥物方面，使用的有石灰、硫劑、砷劑。陳旉《農書》說：
「將欲播種，撒石灰渥漉泥中，以去蟲螟之害。」王禎《農書》載：「凡
桑、果不無生蟲，宜務去之……一法用硫黃及雄黃作煙，熏之即死。」

◎ 生物防治法

利用生物治蟲亦是一大發明。早在晉代，華南橘園中已利用黃猺
蟻防治柑橘害蟲，見於嵇含《南方草木狀》的記載。直到清代還在柑
橘、檸檬園中應用。生物治蟲到明清之際又從果園擴大到大田，從黃
猺蟻發展到**養鴨治蝗**。明代廣東青山、順德一帶先利用鴨子治稻田的

蜉蝥，取得成效，後又被用來治蝗。明末清初陸世儀在《除蝗記》中記載說：「**蝗尚未解飛，鴨能食之，鴨羣數百入稻畦中，蝝頃刻盡，亦江南捕蝝一法也。**」

發明 04

雜交水稻

　　雜種優勢，是指兩種遺傳基礎不同的植物或動物進行雜交，在雜交後所產生的新一代雜種，其表現出的各種性狀均優於雜交雙親。所謂雜交水稻，便是選用在遺傳上有一定差異、其優良性狀又能互補的水稻品種，進行雜交，並生產出具有雜種優勢的第一代雜交種。

◎ 雜種優勢有何優點？

　　在生物界，雜種優勢是普遍現象，早在二千年前，便已發現雜種優勢的存在，馬與驢雜交生下的騾子，便是一例。在農業方面，今天利用雜種優勢以提高農作物的產量和品質，解決了不少糧食問題。擁有雜種優勢的一代農作物，在生長、抗逆、產量、品質方面都優於其雙親。20 世紀二三十年代，美國開始推廣雜交玉米，開創了（異花授粉）植物雜種優勢的先河。

◎ 水稻雜種的研究

　　水稻雜種優勢的研究始於 20 世紀初。1926 年，美國的瓊斯 (J.W.Jones) 首先提出水稻具有雜種優勢，各國的研究，首先從**不育系**的選育開始。

　　1964 年，**袁隆平**開始水稻雜種優勢的研究，1973 年完成「三系」配套，育成了「南優 2 號」等組合並在生產上推廣應用，確定除了**異花授粉**作物和**常異花授粉**作物外，**自花授粉**作物也有強大的雜種優勢。

◎ 「三系」雜交水稻的研發

　　袁隆平研究雜交水稻，源於他在大片稻田中發現一苑「鶴立雞羣」的水稻。由於第二年發生了性狀分離，從而悟到這是一株「**天然雜交**

水稻」。水稻是自花授粉的農作物，即是雌雄同花，不必與其他植株進行繁殖。當時流行的遺傳學觀點認為，異花傳粉植物自交有退化現象，雜交則有優勢；自花傳粉植物自交無退化現象，雜交則無優勢。袁隆平受「天然雜交水稻」的啟示，進一步試驗，證明水稻的確有雜種優勢。

　　水稻雌雄同花，而且花也細小，如果靠人工雜交來生產雜交種子，不能大量生產以滿足農產的需要。袁隆平借鑒玉米和高粱雜種優勢的經驗，以「**三系法**」培育出水稻雄性**不育系**，並用**保持系**使這種不育系繼續繁殖；再育成**恢復系**，使不育系育性得到恢復並產生雜種優勢。

　　1964 年，袁隆平開始尋找**水稻天然雄性不育株**。觀察了十四萬個稻穗後，從「洞庭早秈」品種中發現第一株雄性不育株。

百科小知識

三系法

簡單地說，是指透過育種不育系水稻、恢復系水稻和保持系水稻，以獲得雜種一代的育種方法。

不育系，即是雄性不育，由於雄蕊發育不正常，不產花粉，需要依靠其他植株的花粉結實。

恢復系，即雄性不育恢復系，是和不育系雜交的後代，是雄性可育的。

保持系，即雄性不育保持系，保持系與不育系雜交，後代仍是不育的。

袁隆平觀察超級雜交稻

　　在 1964 至 1965 年連續兩年的稻穗揚花期中，袁隆平先後檢查了
幾十萬個稻穗，分別在栽培稻「洞庭早秈」、「南特號」、「早粳 4 號」、
「勝利秈」等四個品種中，找到六株雄性不育株。根據花粉敗育情況，
有三種類型：無花粉型、花粉敗育型和花藥退化型，它們便成為選育
「三系」研究的起點。

　　1966 年，他撰寫《水稻的雄性不孕性》，論文中詳述了水稻具有
雄性不育性，提出了：「要想利用水稻雜種優勢，首推利用雄性不孕

性。」並進一步預言：通過選育，可以從中獲得雄性不育系、保持系和恢復系，以達成「三系」配套。不久，以袁隆平為首的水稻雄性不育研究小組成立，加快研究的速度。

不過，人工方法選育不育材料進展不大。其後，袁隆平認為通過地理遠緣雜交，可使生理不協調，從而引起不育，於是，他提出「野生稻與栽培稻進行遠緣雜交」的策略，以創造新的不育材料。1970 年，他找到一種花粉敗育的野生稻，命名為**「野敗」**。用「野敗」與多個品種進行雜交，獲得的雄性不育種能百分之一百遺傳，其後代每代都是雄性不育株。1973 年，雜交水稻實現「三系」配套，育成第一個強優組合「南優 2 號」。

◎ 兩系法雜交水稻的研發

1973 年，人們在晚粳稻大田中發現了三株典型的雄性不育突變株。這種雄性不育突變株在夏天是雄性不育，花粉敗育；但是到了秋天卻正常，育性恢復，是光敏不育類型水稻。六年後，育成這種晚粳自然不育株，**具有長光照下不育和短光照下可育的育性轉換特性**，1981 年石明松發表了《晚粳自然兩用系選育及應用初報》論文，指出這種育性可轉換水稻在不育期用作母本進行雜交製種，而在可育期中又可通過自交繁殖不育系種子，因一系兩用，故命名為「兩用系」，即「農墾 58S」。

大規模雜交水稻製種

研究初期，研究者認為光敏不育水稻的育性受日照長短控制，育性轉換與溫度無關。經深入研究，他們發現其育性主要受光照、溫度控制，即在一定發育時期，在高溫長日照下為雄性不育；在平溫、短日照下，又恢復到正常可育的育性轉換特徵。它是一種典型的生態遺傳類型，由於既受核不育基因控制，又受光溫控制，故稱為光溫敏核不育。

人們利用這種類型的不育性來培育雜交水稻，在夏天日照長、溫度也較高的時候，用恢復系來給它授粉，生產雜交水稻種子；在秋天

或者春天溫度比較低、日照比較短的情況，它就恢復正常，可以自己繁殖下去，還是不育系，因而免除了保持系，所以叫作「**兩系法**」。

◎ 三系法與兩系法的不同

三系法與兩系法的分別包括：

1. 涉及的親本數不同，三系法有三個親本（雄性不育系、雄性不育保持系、雄性不育恢復系），兩系法有兩個親本（水稻光溫敏不育系、恢復系）。

2. 親本間相互關係不同，三系法三個親本之間存在恢復系和保持系的關係，而兩系法兩個親本之間無恢復系和保持系的關係，可自由配組。

3. 不育系繁殖的方法不同，三系法的不育系繁殖需要與其對應的保持系來繁殖，兩系法的不育系繁殖則需要在一定的溫度、光照條件下才可繁殖。

4. 製種基地與季節的選擇安排不同，三系法的選擇範圍較廣，只需考慮一個安全期（抽穗揚花安全期）；兩系法選擇的基地與季節範圍窄，需考慮兩個安全期（育性敏感安全期、抽穗揚花安全期）。

5. 防雜保純技術上的不同，兩系法在按照三系法保純技術的基礎上，還有其特有的技術，即是育性穩定技術和育性監控技術。

1995 年，兩系法雜交水稻取得了成功，一般比同熟期的三系雜交水稻增產百分之五至十，而且品質一般都較好。兩系法雜種優勢亦應用到油菜、高粱、棉花、玉米、小麥等農作物上。

發明 05

蠶桑絲織

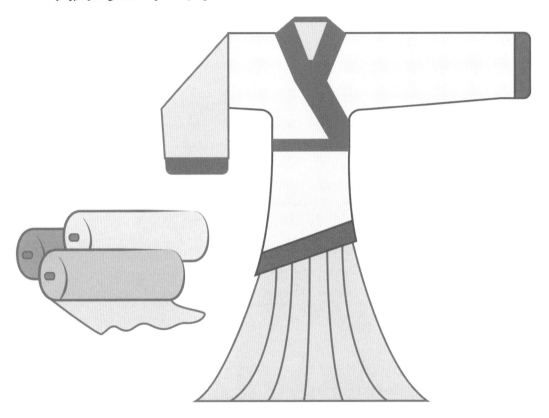

　　中國是絲綢的發源地。為何古代可以生產出質感如此滑爽柔軟的絲綢？栽桑、養蠶、繅絲、織綢，這些古老技術由何時開始？

◎ 栽培桑樹的起源

　　根據考古資料分析，古代黃河和長江這兩大流域的野生桑樹資源十分豐富，人工培植桑樹起源於何時尚無法確認，從商代甲骨文中有很多關於桑林祭祀的內容來看，猜測當時已有一定規模的桑樹種植。

　　栽培之後的桑樹品種稱為栽培桑種，主要有魯桑、白桑和荊桑三類，上千個不同品種。魯桑在漢代以前起源於山東，桑種優秀，分佈最廣。北魏賈思勰《齊民要術》中引農諺「魯桑百，豐綿帛」，意思是說只要有一百魯桑樹，就可生產眾多的綿和帛。

◎ 桑樹的繁殖方法

　　桑樹的繁殖方法有多種，最為古老的是播種法，直接播種，待其發芽後再移栽。此外，還有**扦插法**（插枝法）、**壓條法**和**嫁接法**。嫁接法是栽桑技術一項重要成就。嫁接是無性繁殖法，它對舊桑樹的復壯更新、保持桑樹的優良性狀、加速桑苗的繁殖以及培育優良品種等都非常重要。嫁接技術至遲在戰國後期就已經出現。

　　北魏賈思勰的《齊民要術》中對嫁接技術的原理和方法已有所記載。但嫁接技術應用於桑樹栽培，卻最早見於宋代。南宋人陳勇所著的《農書》中便有所記載。

　　到了元代，桑樹嫁接技術普及，各農書中對此均有大篇敘述。如《農桑輯要》中提出了插接、劈接、靨接、批接四種嫁接方法。而王

禎《農書》則總結了六種常用的嫁接方法：「一曰身接，二曰根接，三曰皮接，四曰枝接，五曰靨接，六曰搭接」，並且指出「荊桑可接魯桑」，以此來改進桑樹的特性。

桑樹栽培，要點很多，外表明顯者為樹型養成。桑樹樹型歷來分為喬木和地桑兩種，前者高大，後者低矮。早期北方地區的栽桑業中多用前者，後來在江南則多用後者。

◎ 家蠶的馴化

家蠶，又稱桑蠶，絲由蠶繭中抽出，成為織綢的原料。家蠶由野生的桑蠶馴化而成。關於其馴化的起始時間，在山西夏縣西陰村距今約六千至五千年的仰韶文化遺址，出土了半顆蠶繭。在距今約四千年的浙江湖州錢山漾遺址，出土了一些紡織品及線帶之類的實物，其中

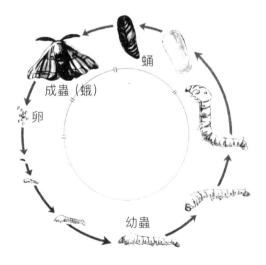

家蠶的一生
蠶卵孵化出蟻蠶，經過三至四次的蛻皮，約三十天後長成熟蠶，吐絲結繭，同時成蛹，一週後化蛾，鑽出繭殼，雌雄交配，產卵後死去。

有絹片、絲線和絲帶。在河南省滎陽市青台村仰韶文化遺址，距今約五千五百年，出土了絲質的紗、羅織物。後兩處遺址出土的絲織物經過鑒定後，是典型的桑蠶絲。

◎ 家蠶的品種

在動物分類學中，家蠶僅有一個種稱。但家蠶的品種卻是不少，其中有化性和眠性的區別。化性是指家蠶在沒有人為因素的條件下一年中孵化的次數，而眠性是指家蠶在幼蟲階段的蛻皮次數。

魏晉南北朝時期，對家蠶認識已經甚深。賈思勰在《齊民要術》中將蠶分為兩類：**三臥一生蠶**（三眠一化性蠶）和**四臥再生蠶**（四眠二化性蠶）；按體色和斑紋，又分為：白頭蠶、頡石蠶、楚蠶、黑蠶、兒蠶、灰兒蠶等；按飼育或繁殖時間，可以分為：秋母蠶、秋中蠶、老秋兒蠶、

半顆蠶繭
山西夏縣西陰村仰韶文化遺址出土

絹片
浙江湖州錢山漾遺址出土

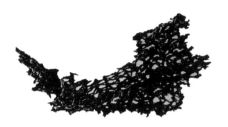

羅織物
河南省榮陽市青台村仰韶文化遺址出土

蠶紋牙雕
浙江餘姚河姆渡遺址出土

秋末老獬兒蠶（指南方多化性蠶）等，按繭形分為綿兒蠶、同繭蠶等。

在宋代，南北所養家蠶也有不同。北方主要飼養一化性三眠蠶，南方主要飼養一化性或二化性四眠蠶。在抗病和應激能力方面，三眠蠶較四眠蠶強，因此北方多選擇三眠蠶飼養，而在南方，因為氣候較北方更適宜蠶的生長，故多養難育絲多的四眠蠶。

另外，由於飼育二化性和多化性蠶傷桑，兼之多化性蠶繭品質不佳，宋元以前，除南方有少量飼養外，北方基本不養，直到宋元時，隨着養蠶技術水平的提高，北方地區才逐漸重視多化性蠶的飼養。

到了明代，蠶的品種又有所改良。根據《天工開物》所載，蠶有早、晚兩種。「早種」「晚種」分指一化性蠶和二化性蠶，在當時，二化性蠶的飼育已很普遍。而另一突破是，利用雜種優勢來培育新蠶種。《天工開物》記載了培育新的優良品種的方法，便是用一化性的雄蠶和二化性的雌蠶雜交。

◎ 繅絲的起源

繅絲是將蠶繭中的絲舒解分離出來，從而形成長絲狀的束絞。繅絲出來的絲絞經過絡絲、併絲和加捻工序，便可製成織造所用的經、緯絲線。從浙江湖州錢山漾遺址出土的絲織品來看，在新石器時代晚期，這一工藝便已開始出現。到商代，繅絲技術已經相當成熟。考古發現，黏附在商代銅器、玉器上的絲綢殘片，據分析都為長絲，而且較勻整光滑，體現出當時的繅絲技術已達一定水平。

繅絲的工藝非常重視兩點：一是**水溫**，二是**濕度**。宋代對用水已很重視，對於繅湯溫度的要求是將沸之時，即控制溫度在 80°C 左右。同時用火對繅出的絲加熱烘乾，以便之後的加工，而且，這亦有利於絲色的鮮潔。此外，火烘的炭火要選用乾燥不會生煙的木柴，才不會影響絲的色澤。這一工藝在宋應星《天工開物》中稱為「出水乾」，有利於提高繅絲的品質。

◎ 腳踏繅絲車的原理

從唐詩中的描述來看，唐代已有相當普及的繅絲車。到宋代，古代的腳踏繅車已基本定型。北宋秦觀的**《蠶書》**用大量篇幅描述了當時的繅車，**《蠶織圖》**中更是描繪了其構造。可以看出，宋代的腳踏繅車由機架、集緒與捻鞘、捲繞這三部分組成。

秦觀《蠶書》中雖未提及腳踏傳動裝置，但在吳皇后題注本的《蠶

織圖》和傳為梁楷本的《蠶織圖》中都有十分清楚的描繪，由一腳踏桿與一曲柄連桿機構相連而成。

　　腳踏繅車自手搖繅車的基礎發展而來。腳踏繅車的腳踏桿上下往復運動，帶動絲籰和偏心輪的迴轉運動。這樣，繅絲者騰出雙手進行索緒、添緒等工作，便可提高生產力。

◎ 絲織品種的分類

　　商周時期已發展出絲織工藝技術，至戰國時期，絲織品種極豐富，有絹、羅、綺、錦、繡、綴、編等。秦至宋，隨着紡、織、染、整工藝技術的進步，絲織物的組織品種也趨向完備，平紋、斜紋、緞紋，到宋代已全部出現，由經顯花過渡到緯顯花，也於唐代完成。

　　到了明代，已有極為明確的絲織品分類法，絲織品的定名也有了一套完整的體系。清代，絲織品品種更加繁多，除按組織特點分類，例如：錦、綾、羅、緞、絹、綢、絨等外，還形成不少具有地方特色的品種羣，比如雲錦、宋錦等。

◎ 流行的絲織品

　　在絲織技術中，最能代表顯花技術和織造水平的品種，莫過於錦。《釋名・釋采帛》：「**錦，金也，作之用功重，其價如金。**」錦的工藝不但複雜，更要求高超的織造技術，因此才貴重如金。錦是一種熟織物，多彩織物，能顯示多種色彩的不同紋樣，當時，就把這類織物稱

《蠶織圖》的繅絲
南宋吳注本（黑龍江省博物館藏）

《蠶織圖》的繅絲
南宋梁楷本（美國克利夫蘭博物館藏）

為錦。後來又慢慢地形成了一個規律：織彩為文（紋）曰錦。分析當時的織物可知，織彩為文大多都是重織物。但到宋元之後，熟織物或重織物大量出現，錦的名稱反而少用，大多稱為緞羅之類。

　　文獻中最早出現「錦」字是《詩經‧小雅‧巷伯》：「萋兮斐兮，成是貝錦。」但在實物中，最早的織錦應是西周開始出現的經錦，它以經線顯花的重組織織成，被稱為經錦。到東周時期的春秋戰國墓葬中，經錦已是較為普遍的織錦種類，其中最著名的是湖北江陵馬山楚墓中所出的舞人動物紋錦，採用的經線有深紅、深黃、棕三色，分區換色，緯線為棕色，圖案為相對的舞人、龍、鳳、麒麟以及幾何紋等，緯向佈局，經向長 5.5 厘米，緯向長 49.1 厘米，說明當時經錦的織造已採用多綜式提花織機。

　　漢代也是經錦非常流行的年代。大約從魏晉南北朝起，織錦中開

始出現緯錦的織物。新疆吐魯番、營盤和花海等地有很多屬於 5 世紀的墓葬，其中出土了大量的平紋緯錦，多是簡單的動物雲氣紋，說明緯錦開始應用在絲織技術之中。

到初唐前後，**斜紋緯錦**也開始出現，並隨即盛行起來。但是在緯錦中，若根據織造的細節，大可分為兩大類型：西方類型及唐式緯錦。西方類型又可以稱為波斯錦、粟特錦和撒搭剌欺，圖案多具有明顯的西域風格，產地可能在中亞地區。至於唐式緯錦，圖案以寶花或花鳥題材為主，主要產於中原。

到了唐代中晚期，出現稱為**遼式緯錦**的種類。因為是從分析遼代絲織物的過程中發現的，而且這是遼代織錦的基本特點，因此稱為遼式緯錦。

戰國舞人動物紋錦紋樣
湖北江陵馬山楚墓中出土

簡單而言，遼式緯錦的特點是緯線為散絲，可多達五至七種顏色。宋代織錦便廣泛採用了這類緯錦的組織。蘇州瑞光塔北宋雲紋瑞花錦、杭州雷峯塔地宮出土五代織錦，以及遼寧省博物館藏後梁金剛經織成錦等採用的都是這種組織，只是在配色、加捻等各方面有所變化。

將金織入織錦可以稱為**織金錦**。納石失是元代最著名、最具特點的織金錦，又稱納赤思，是波斯語織金錦的音譯詞。當時百官服飾多用納石失縫製，全國設置「染織提舉司」，集中織工，大量織造納石失，作衣服和日常生活中的帷幕、茵褥、椅墊、炕墊等。

織錦緞是清代非常盛行的一種織錦，緯線經常採用金銀線，裝飾較為華麗，圖案多是花卉紋樣。

唐代小窠寶花錦
新疆吐魯番阿斯塔那出土

唐代聯珠豬頭紋錦
新疆吐魯番阿斯塔那出土

元代瓣窠對格里芬納石失

元代緞地特結錦局部

◎ 不同類型的踏板織機

踏板織機大約出現在戰國時期。在東漢時期的畫像石上，有很多踏板織機的形象，如山東滕縣宏道院和龍陽店、山東嘉祥縣武梁祠、山東長清孝堂山郭巨祠、山東濟寧晉陽山慈雲寺、江蘇沛縣留城、江蘇銅山洪樓、江蘇泗洪曹莊、四川成都曾家包等地均有出土。

特別是武梁祠、洪樓、曹莊等地發現的畫像石織機上的腳踏板與綜片連接方法非常特殊，在織機的經面之下、中部偏上處似有兩根相互垂直的短桿伸出，短桿通過柔軟的繩索或剛硬的木桿分別與兩塊腳踏板相連。

踏板斜織機到後來漸漸少見，但元代薛景石《梓人遺制》中仍可看到其遺存的影子，其機架已基本直立，當時被稱為立機子。立機子的最早形象出現在甘肅敦煌莫高窟內時屬五代的《華嚴經變》圖中，但在唐末敦煌文書中已出現了稱為「立機」的棉織品名。此後，立機子的圖像在山西高平開化寺北宋壁畫、國家博物館所藏明代《蠶宮圖》

正面　　　　　　　　　　　　背面

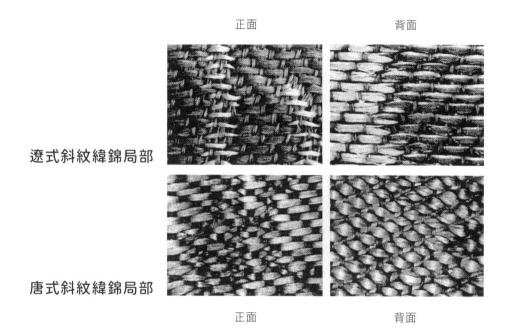

遼式斜紋緯錦局部

唐式斜紋緯錦局部

正面　　　　　　　　　　　　背面

中均可看到，但最詳細的記載要數《梓人遺制》中的立機子了。踏板織機還有很多種不同的類型。其中有一種是依靠織工的身體來控制張力的織機，可稱為**踏板臥機**。

　　從歷代藏畫來看，自唐宋起，踏板織機較多地採用雙綜式，即用兩躡分別控制兩片綜，兩綜分別開兩種梭口，以織平紋織物。南宋梁楷的《蠶織圖》及元代程棨的《耕織圖》中都繪有踏板雙綜機。

◎ 最複雜的提花織機

　　織機中最為複雜的是**提花織機**，最為複雜的織造技術是**提花技術**。提花技術可說是一種信息貯存技術。概括地說，絲織品上圖案的複雜

漢代釉陶織機模型

據推測，這類斜織機應該採用了中軸裝置，中軸上的一對成直角的短桿，通過曲柄或繩子與兩塊腳踏板分別構成兩副連桿機構。

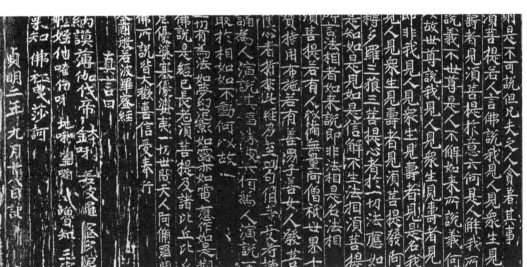

後梁金剛經織成錦

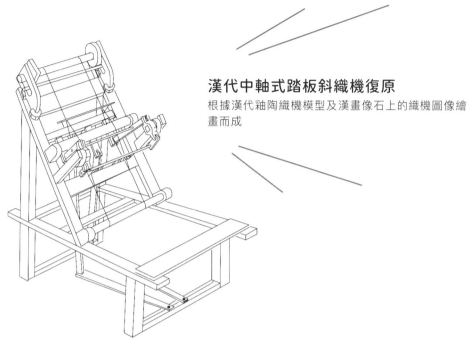

漢代中軸式踏板斜織機復原
根據漢代釉陶織機模型及漢畫像石上的織機圖像繪
畫而成

東漢紡織畫像石
江蘇泗洪曹莊出土

第 1 章　農耕、衣食的發明

信息，用各種裝在織機上的提花裝置將其貯存起來，以備循環使用。如同電腦編寫程式，所有運作都可重複進行，不必每次重新開始。

　　從湖北江陵馬山楚墓出土的戰國織錦來看，很可能在戰國時期，中國的提花織機和提花絲織技術已經非常成熟。但是，提花技術並非一蹴而就，而是先從挑花發展而來。所有織機均可用挑花桿在其上挑織圖案。

　　挑花的方法有兩種：一是挑一緯織一緯，這種方法要求織者必須胸有成竹；二是挑一個循環織一個循環，這種方法普遍一些。但不管如何，這種方法仍不能提高工作效率，因為挑花的信息無法長期貯存

《蠶織圖》中的踏板雙綜機
南宋梁楷本

並反覆使用。為解決這問題，古人們摸索出挑花的規律，把其中不變的規律反覆地傳遞給經絲，這樣就出現了花本式提花織機。

漢代已出現了**多綜式提花織機**。可靠的證據來自四川成都老官山漢墓出土的織機模型，共有四台，從殘留綜框的情況來看，是一種踏板式多綜提花織機，這是目前出土最完整的織機實物資料。另外，在文獻中也有相關記載，《三國志・魏書・方技傳》中裴松之注：「舊綾機五十綜者五十躡，六十綜者六十躡。」

約在初唐時期，**束綜提花織機**出現。初唐時大量湧現的小團花紋錦，便是束綜提花織機的產品。元稹《織婦詞》中描寫荊州貢綾戶「變

《蠶織圖》中的束綜提花織機
織機中間高起的花樓上，工人正用力向一側拉動花本。

《耕織圖》中的提花羅機
南宋

緝撩機苦難織」也是指此，但其實物圖像直至南宋才出現。

　　到明代，束綜提花技術已經相當完備與普及，而在《天工開物》中，則描述了一種**斜身式小花樓提花織機**。清代提花織機的發展，有一個顯著特點是機身傾斜度增加，斜身的目的是為了提高打緯的疊助衝力。

　　束綜提花織機的發展頂峯是大花樓機，南京摹本緞機和妝花機即屬此類。其記載可見於清代衛傑的《蠶桑萃編》、楊屾的《豳風廣義》

及陳作霖的《風麓小志》等。大花樓機的特點是花本大而呈環形。其花紋循環可以極大，織出像龍袍一類的袍料，循環達十餘米。

束綜提花織機上最複雜、最奇特的部分是**花本**。關於結花本，宋應星在《天工開物》中有一段十分經典的解釋：「**凡工匠結花本者，心計最精巧。畫師先畫何等花色於紙上，結本者以絲線隨畫量度，算計分寸秒忽而結成之。張懸花樓之上，即織者不知成何花色，穿綜帶經，隨其尺寸度數提起衢腳，梭過之後居然花現。**」

這種線製的花本到後來就發展成賈卡提花織機 (Jacquard loom) 上的紋板，用打孔的紙版和鋼針來控制織機的提花，打孔的位置不同，織出的圖案也就不同。再後來，有孔的紙版又啟發了電報信號的傳送原理，這亦是早期電腦的雛形。

發明 06

中式烹調術

　　孫中山先生在《建國方略》中說：「烹調之術本於文明而生，非深孕乎文明之種族，則辨味不精；辨味不精，則烹調之術不妙。中國烹調之妙，亦足表明文明進化之深也。」烹調術便是由自然環境和物產、生產方式、生活方式和智慧結合而成。

◎ 甚麼是中式烹調術？

中式烹調術，不僅僅指食物製作和調味，更涉及食物材料的選取、加工、刀工、火候、烹飪方法、調味、筵席組合等，菜餚風味及流派等也包括在內。

◎ 史前時期吃甚麼？

史前時期，約四千年前，自脫離「茹毛飲血」後，人類開始了人工取火，亦出現早期農業、飼養業、養殖業、陶製炊餐器、灶坑、鹽的煮製，烹調術的基本條件已具備。

考古發現，人類用火熟食出現在五十萬年前左右。新石器時期，已有粟、黍、稷、稻、麥 (大麥、小麥)、菽等穀物，白菜、芥菜、葫蘆等蔬菜，牛、羊、豕、犬、雞等家畜，魚、鱉、蚌等水產，鹽、野生蜂蜜等。因為有了陶灶和陶製的釜、甑、鼎、鬲、甗，加之有了火、鹽，水煮、汽蒸的飯、粥，調味的羹湯也已產生。

新石器時期的陶鏊
約 6000 年前

陶甗

◎ 夏商周時期的發展

夏商周時期，除爐灶改進、刀具更鋒利之外，青銅炊具亦已誕生。青銅鼎、鬲、甗、鑊、釜、盤等工具，有助煎、炸、炒等烹飪方法的出現。夾食工具箸（筷子）已發明。烹調原料大增。調味品也多。鹹味的有鹽、醢（肉醬），甜味的有飴、蔗漿、蜂蜜，酸味的有梅子、醯，苦味的有豆豉，辛辣的有花椒、生薑、桂皮、蔥、芥、薤等，酒也用於調味。油有動物脂肪「脂」和「膏」。出現早期調味理論。

麵點中出現糗、餌、糍、粔籹。「**餅**」一詞出現。以穀物、果蔬為主，肉類為輔的膳食已初步形成。食醫食療開始萌芽。

◎ 鐵製炊具是里程碑

秦、漢、魏晉、南北朝這數百年間，鐵製炊具和旋轉石磨已發展

商婦好青銅氣柱甑

喇家遺址出土的麪條
約 4000 年前

得相當普及。鐵釜輕便，傳熱更快，促使炒的烹飪方法脫穎而出。旋轉石磨出粉率高，配以篩籮，可篩得細粉，促使麪點製作技藝突飛猛進。麪點發酵法相對成熟。有蒸籠、烤爐、漏勺、鐺等工具。出現煎餅、湯餅、索餅、水引、饅頭、餛飩、燒餅、粽、粲（米線）等。其中，水引即麪條，古籍載有詳細製法。

烹調材料更加豐富。如蔬菜就有數十種。漢代還有温室培養的蔬菜。張騫通西域，從異域帶來黃瓜、大蒜、胡荽、苜蓿、石榴、葡萄、

商婦好青銅三聯甗

第 1 章　農耕、衣食的發明

捲雲紋提鏈爐盤

胡桃等新食材。淡水、海水名品有渤海鮑魚、吳地鱸魚、蜀地丙穴魚。調味料多樣化，有海鹽、池鹽、岩鹽、井鹽、甘蔗餳、麻油，醬醋也多，植物性調味料在二十種以上。

炒法在這一時期出現明文記載。中原和江南菜餚已呈現區域特色。傳統齋戒吃素與佛教齋食結合，形成新的獨樹一幟的素食。相傳淮南王劉安發明**豆腐**。重要的烹調著作在三十部以上，涉及菜點、醬、酒製法及進膳方式、養生等。

◎ 烹調術全面發展

隋唐宋時期，中式烹調術全面發展。隋唐五代，鐵製炊具增多，已用上煤炭火。常用蔬菜在四十種以上。食用菌人工培育成功，萵苣、菠菜傳入中國。

菜餚名品、藥膳、素食品種激增。出現餃子、包子等麪食新品。食用豆腐見諸文字記載。紅麴已用於烹調。中外飲食烹調交流頻繁，

漢畫庖廚圖

馬王堆漆盤

胡食西來，中國菜點、烹調法、筵席設置法東傳日本，亦有學者認為豆腐在唐代傳至日本。

宋代，鐵鍋、烤爐、火鍋、移動爐灶、托盤、鐺、蒸籠普及。常用食材包括豆腐、麵筋、粉絲、豆芽、臘肉、江鮮、海鮮、筍、菌。「**醬油**」一詞出現。油類包括有胡麻油、大麻油、杏仁油、紅藍花籽油、蔓菁籽油等。

此外，主要的烹飪方法已經具備。炒法、蒸法多樣化，另有爆、涮、烤、爐、焙、焐等法。出現「食無定味，適口者珍」的調味論述，影響至今。

◎ 食物新品、菜館小店湧現

元明清時期，中式烹調術進入成熟階段。番薯、玉米、番茄、番椒進入中國。植物油有十多種，胡麻油、黃豆油、菜籽油為上品，亦有用茶籽油、欖仁油的。菜餚數量大增，烹飪方法達到三十多種。江

新疆出土的唐代麵點

宋代磚雕上的蒸籠

南、閩粵、北京及江蘇、山東運河沿線城市菜餚發展迅速。出現扯麪、**月餅**、火燒、**米線**、光餅等新品。出現《易牙遺意》《飲饌服食箋》《宋氏養生部》《救荒本草》等烹調名著。

　　清代，炊具種類多。如鍋分炒鍋、火鍋、煨煮之鍋（砂罐）等，烤爐有燜爐、明爐等，還有烤肉的鐵烙牀。西洋烤爐傳入中國。刀具名品也多。有眾多規格的瓷製碟、盤、碗、盆、盒、攢盤及保溫的「暖盤」「暖碗」。辣椒傳入兩湖、川、黔、滇，既可當蔬菜，又可作調料用。

　　菜餚大有發展。燒烤、氣蒸、水煮、油炒、煎炸、石子烙、鹽焗等四十多種常用烹飪方法，菜餚以千計。飲食市場繁榮。各地菜館、酒肆、飯店、食店、小吃店湧現，競爭激烈。筵席有全羊席、全素席及滿漢席、民間八大碗等。

◎ 形成不同流派

清代，菜餚的風味流派形成。最著名的為黃河流域的魯菜、長江下游的淮揚菜、珠江流域的粵菜、長江上游的川菜，更各具特色。出現《閑情偶寄》《養小錄》《隨園食單》《調鼎集》《醒園錄》等烹調名著。

◎ 穀物果蔬為主、肉食為輔的膳食

早在二千年前，便確立以五穀果蔬為主、肉食為輔的膳食。《黃帝內經·素問》說：「五穀為養，五果為助，五畜為益，五菜為充，氣

清代烙煎餅圖

此中國烙煎餅之圖也其人用小米黃豆用水磨成汁放于盆內用杓盛至鏜上用小竹扒撥的即薄烙法即快名曰煎餅

味合而服之，以補精益氣。」「**五穀**」，指黍、稷、菽、麥、稻。「**五果**」，指桃、李、杏、栗、棗。「**五畜**」，指牛、羊、豕、雞、犬。「**五菜**」，指葵、韭、藿、薤、蔥。

◎ 精湛的刀工

刀工是依據菜餚特點、調味需要以及菜餚美化，施以切、割、斬、剁、批、削、剔、剞等處理的技藝。

先秦，薄刃銅刀出現，刀工開始發展。《論語》「割不正不食」即是談刀工要求。周代，據食禮和烹調需要，對牲體作「七體」及「二十一體」的分割。

漢魏南北朝時，刀工更加精進。如膾已能切得如蟬翼一樣薄且透明。《齊民要術》記述：「灌腸」用的羊肉末要「細銼」；「炙肉」要「薄切」。不同菜餚，刀工要求各異。

元代刀工出現新特點。其一，重視菜餚中原料的雕刻。如宮廷菜「帶花羊頭」已有雕刻的蘿蔔花。其二，重視刀工美化處理。如將「臠肉」切成荔枝花紋，既美化菜餚又便於調料滲透。清代花色菜較多。如「松鼠魚」「菊花肉」等，對刀工要求更高。

◎ 豆腐的發明

傳說中，豆腐為淮南王劉安所發明。宋代朱熹《素食詩》自注：「世傳豆腐本為淮南王術。」類似記載，還有不少。然而，從漢至唐，缺

少有關豆腐的文字記錄。

目前已知，豆腐的最早記載見諸由五代入宋的陶谷的《清異錄》。宋代，豆腐非常普遍。陸游《山庖》「旋壓黎祁軟勝酥」，自注：「**蜀人名豆腐為黎祁。**」另外，豆腐還有「菽乳」「甘旨」等名。

明代李時珍《本草綱目》對豆腐製法有詳細記載，多種豆按程序製豆腐，用以點鹵使豆漿凝固的添加劑也有四五種。

明代及其後，豆腐食品已成系列。如豆漿、豆花、百頁（千張）、豆腐皮、豆腐乾、油豆腐果、腐竹、豆絲、豆腐乳、豆腐渣等。豆腐菜點，名品眾多，風味各異，令人目不暇給。清代，烹調書中的豆腐菜在百種之上。

◎ 治病養生的藥膳

藥膳是依據中醫藥食同源的理論，烹製菜、點、湯、飲等有療效的菜式，以達到「**治未病**」的目的。相傳商朝伊尹曾用橘皮、生薑調製湯液，為人治病，早期藥膳「伊尹湯液」由是誕生。周代設有「食醫」。《黃帝內經》載有食療理論。《神農本草經》收數十種食藥。漢魏之時，食療有發展。如甘肅武威出土的西漢醫簡記載的藥物中，許多都是食物。

張仲景《**金匱要略**》有食療方。在葛洪《肘後方》中有用海藻酒治癭病之方，實際是用含碘食物治甲狀腺腫。《肘後方》記載用豬胰治「消渴」（糖尿病）。這時期曾有大量食療藥膳著作，但多亡佚。

隋唐時期，出現好幾部食療藥膳名著。如孫思邈的《備急千金要

方‧食治》收錄一百五十多種果實、菜蔬、穀米、鳥獸的性味、藥理作用、服食禁忌及療效，如用羊肝治雀盲，鹿腎補腎氣等。

元代御醫忽思慧《飲膳正要》收六十一首食療方，原料、製法、食法、療效均寫得一清二楚。李時珍《本草綱目》中分散收錄的藥膳方亦多，其中，粥就有五十多種。而清朝黃雲鵠的《粥譜》，則收有粥二百多種。

◎ 素食的緣起

先秦時期，齋戒不吃葷腥，只吃素食，以表對祖先、鬼神的崇敬。漢魏南北朝時，固有的素食與佛教齋食相結合，素食方脫穎而出。先秦時的「素食」「素餐」指平常之食，即蔬食之類。漢代，「素食」已指無肉之「菜食」。魏晉之前，葷食非指肉食，而是指有氣味的蔬菜，稱五葷或五辛。佛教以大蒜、小蒜、興渠、慈蔥、茖蔥為五葷。

佛教教義原無禁食肉。印度佛教徒托鉢行化，遇葷吃葷，逢素吃素。佛教傳入中國之初，對佛教徒食物葷素並無特別規定。不過，佛教不同教派中也有禁肉食的，如**大乘佛教**。篤信佛教的梁武帝蕭衍曾寫**《斷酒肉文》**，力倡素食，斥責食肉違反「戒殺生」的戒律。魏晉南北朝時，素食迅速發展。

宋代，寺院素食之外，汴京、臨安均有稱作「素分茶」、素麵店的素食店，素食發展極快，豆腐、麵筋、粉絲、豆芽、筍、菌菇紛紛入饌，出現一批「以假亂真」的仿葷象形菜，有奪真雞、兩熟魚、假

炙鴨、假煎白腸等。

　　元明清之時，素食有進一步發展。用料廣泛，優質的菌類、野菜、堅果均已用上，烹飪方法多樣，口味多種，以清鮮平和為主。宮廷、民間、寺觀、市肆，均有素食名品，不下百種。

發明 07

茶的栽培和製備

　　目前，全球有五十多個國家和地區種植和生產茶葉。不少研究指出，常飲茶有多種保健功能。例如，茶葉內含的茶多酚，抗衰老效果遠勝維生素 E，每天喝茶能降脂。此外，茶中的氨基酸促進多巴胺分泌，有助產生愉悅感。諸多的保健功能都促進了飲茶風尚。

◎ 茶的起源

　　目前發現到的山茶共有二十三屬三百八十多種，中國有十五屬二百六十多種，大都分佈於雲南、貴州、四川一帶。三國時期的《吳普本草》引《桐君錄》的記述：「南方有瓜蘆木（大茶樹）亦似茗，至苦澀，取為屑茶飲，亦可通夜不眠」。據史料所知，一千七百年前對茶樹已有相當熟悉及經常飲用了。

　　許多茶樹的優良品種早年均是野生茶樹，經過栽培之後便得以改良。然而，野生茶和栽培茶之間並無絕對界限。

栽培型野生大茶樹
雲南西雙版納

古代文獻中，茶的名稱很多。唐代陸羽在**《茶經》**中指出：「其名，一日茶，二日檟，三日蔎，四日茗，五日荈。」其中「茶」用得最多。陸羽將「茶」字減少一畫，改寫成「茶」字。

◎ 生嚼茶葉

民間傳說神農發現茶樹。中國最早的草本著作《神農本草經》記載：**「神農嘗百草之滋味，水泉之甘苦，令民知所避就，當此之時，日遇七十毒，得茶而解。」**起初，茶樹的葉是口嚼食物，雖然有點苦

神農採藥圖

澀卻無害，還給人一種芬芳、清口、氣爽的感覺。特別當人們食某些植物而中毒後，嚼食茶葉似乎可以化解中毒後的痛苦。漸漸地，含嚼茶葉便成為一種嗜好。

◎ 煎服茶湯

古時，茶葉曾是一種祭品，當產量增多，逐漸進入千家萬戶。晏嬰撰的《晏子春秋》提到「**食脫粟之飯，炙三弋，五卵，茗茶而已**」。茗，是古時對茶葉的稱謂之一，茶葉曾是菜餚湯料。用水與茶葉煮熟後，連湯帶葉一起服用，加入鹽、蒜、辣椒及配料。生嚼茶葉逐漸改為煎服茶湯。

從咀嚼茶樹鮮葉發展到生煮羹飲，表示對茶葉已有更深入的認識。摘下鮮葉後，不耐貯藏；放置一段時間，便會乾枯，甚至腐爛。因此，咀嚼鮮茶葉，受到時間和地點的嚴格限制，一年之中，只有很短時日才吃到鮮嫩茶葉。若是生煮羹飲，鮮葉或乾葉也適用。

生煮羹飲還可引入其他配料，例如桂皮、姜、鹽及一些香料等同煮食用。把鮮葉在陽光下曬乾，是最原始的茶葉加工方法。乾葉不同於鮮葉，咀嚼難以下嚥，故食用方法只能改為煮或泡。

◎ 煮茶

茶葉飲用的方式多種多樣，三國時期魏人張揖在《廣雅》中，記載了當時製茶和飲茶方式。《晉書》則說：「**吳人採茶煮之，日茗粥。**」

北宋煮茶畫像磚

煮茶在當時很流行。將茶葉先製成餅茶，煮茶前，先將餅茶烤炙成赤色，再搗成碎末，置容器（陶瓷器）中，以湯水澆覆（水量宜足），再加點蔥、姜、橘皮作配料，煮後的茶水和茶葉、配料一齊吃下。

◎ 茶葉加工

焙茶是古老的茶葉加工方法之一。所謂焙茶，即是把一芽四五葉的嫩梢從茶樹上採下來，直接在火上烘烤成焦黃色，再放入茶壺內煮

飲。後來，把鮮葉用木棒搗成碎末製成餅狀或團狀，再曬乾或烘乾，放在不易受潮的容器內。飲用時，先掰下一塊，搗碎後放入壺或鍋中，注入開水或加水煮沸。《廣雅》中記載的製茶和飲茶方式即屬於此。

西南地區，特別是巴蜀之域，曾是古代早期茶葉的產區和製茶、飲茶的中心，秦朝以後，飲茶才開始向東、東南地區傳播。東南地區氣候和環境適宜種茶，加上士大夫和寺院文化重視飲茶，三國兩晉南北朝的三四百年間，茶葉生產和飲茶風氣有所發展。到了隋朝，飲茶之風也開始颳到北方。中唐之後，飲茶之風逐漸在北方普及。

◎ 茶葉四大類

由於自然環境的差異，茶樹種類不同，加工技術不同，形成了名品紛呈的局面。依據加工方法，大致分為粗茶、散茶、末茶、餅茶四大類。**粗茶**是將採摘下來的茶，不分芽、葉、梗，一起用刀切碎，曬乾，食時放在鍋裏煮飲。**散茶**是將採摘的鮮葉，蒸青後烘乾，不搗不壓，封藏之，食時直接全葉煮飲。**末茶**是將茶葉烘或炒乾後，碾成碎末存放，食時將其煮飲即可。**餅茶**則是將茶葉蒸青後搗碎，拍壓成團餅形，穿眼用竹繩穿起來曬乾或烘乾，再打包貯運。

◎ 飲茶風尚

唐朝，飲茶之風盛行於朝野，茶成為生活中的重要角色，「茶為食物，無異米鹽」，從而成為開門七件事之一。「客來敬茶」已成為

南宋劉松年《鬥茶圖》

重要禮儀和社交風尚。由此，更加關注茶的品質、飲茶方式及飲茶用具，遂有了品茶之舉。特別是加入文化藝術的元素後，飲茶已不限於解渴和保健，還成為文化的展示、精神的享受，當飲茶注重飲用技巧、禮儀，甚至注重道德品行，便發展出「茶藝」「茶禮」和「茶道」。

　　從此，茶葉不僅要求精細加工，色香味形，更講究茶葉品第和飲用技巧的高低、優劣，從滿足個人愛好和享受的「品茶」，發展到社會性、商品化的「鬥茶」。鬥茶之風盛行於宋代，是評比茶葉和展示茶藝的社交活動。

從品茶、鬥茶之中，發現沖泡散茶比烹煮餅茶更方便，更易品嚐到茶葉的色香味形。於是，沖泡清飲散茶（不加任何香料或食品）在品茶或鬥茶中迅速普及，並發展出近代的製茶傳統技藝。

◎ 製茶工藝

採摘鮮茶葉有季節性，為應付供應和運輸的要求，必須妥善貯存茶葉，避免腐爛變質。最初，鮮葉的主要加工方法是曬乾或晾乾，使鮮茶葉失水萎凋，以延緩其衰敗過程，達到保存目的。

鮮葉在一定的溫度、濕度、氧氣、光線的作用下，會迅速腐爛陳化。因此，茶葉在古代不易保存。根據張揖《廣雅》記載，三國時期，保存茶葉已開始用水煮（即熱燙）、水汽熏蒸，然後壓製成餅狀烘乾或曬乾。將鮮葉用蒸汽殺青，叫**蒸青**；用熱水略煮叫**撈青**。殺青軟化後的茶葉壓製成團餅狀，再經烘乾或曬乾，團餅茶就可以收藏或運輸了。這種加工鮮茶葉的方法，到了唐代已很完善。

◎ 貢茶的製作

宋代，製茶技術的進步反映在貢茶的製作上。龍鳳茶是當時的一種貢茶，皆為做成團餅的茶，其飾面龍翔鳳舞，栩栩如生。據北宋趙汝礪在《北苑別錄》中記述，分蒸茶、榨茶、研茶、造茶、過黃、烘茶等工序，即挑選勻整芽茶，在清洗後進行蒸青，蒸後再用冷水沖洗，

然後小榨去水，大榨去茶汁，再置於瓦盆內兌水研細，入龍鳳模壓縮成餅，最後將茶餅烘乾，儲運。當時生產的小龍鳳團餅茶，均由精選的細嫩芽葉製成，昂貴至極。

◎ 民間流行散茶

宋代民間流行散茶製作。蒸青或炒青的散茶較龍鳳團餅簡捷，散茶又不比團餅茶差，散茶可沸水沖泡，而團餅茶大多是烹煮，泡比煮簡便些。因此，蒸青或炒青散茶在民間日益流行。

農民出身的明朝開國皇帝朱元璋對此深有感受，於是下詔，「太祖以其勞民，罷造 (龍團)，唯令採茶芽以進」。詔令促使蒸青或炒青散茶成為茶葉生產的主流。許多歷史名茶順應而生。

回到歷史現場 ● ● ● ● ● ● ● ● ● ● ● ● ● ● ●

《茶經》
《茶經》是唐代的茶學專著，由陸羽所撰。全書介紹了茶的栽培、採摘、製作、鑒別，以及煮飲工具和方法，並記載與茶有關的歷史。

陸羽《茶經》書影

蒸青製茶和炒青製茶，僅是一字之差，卻反映了工藝的不同取向。蒸青利用水蒸氣的高溫來殺青（即用高溫破壞鮮茶葉中氧化酶活性，使其乾燥柔軟，便於成形）；炒青則利用炒鍋的高溫來殺青。但是，蒸青和炒青的效果卻不一樣。鮮葉中的相關成分，沸點在 160°C 左右。水蒸氣殺青的溫度只達 100°C 左右，鮮葉中的化學成分不能充分揮發，不能形成清香。而炒青的溫度可達 160°C 以上，能使鮮葉中的絕大部分有關化學成分在幾分鐘內揮發，殘留下來的部分有關化學成分在高溫下轉化為清香。

此外，炒烘還能促進鮮葉香。快速炒青能減少製作過程中鮮葉的衰變，保證茶葉的鮮和味。炒青技術逐步普及。其實炒青技術早在唐代已出現。經過唐、宋、元三朝的製茶經驗，人們認識到炒青綠茶不僅製作、飲用省時省力，更可提高茶葉質素。

◎ 綠茶和黃茶

關於炒青綠茶的製法，各地因地制宜，發展出許多獨到技藝及各具特色的品種。事實上，綠茶製作工藝相近，主要工序有高溫殺青、揉捻、復炒、烘焙、成品包裝。工藝傳承至今，是地道的傳統工藝。

黃茶的出現，紅茶、烏龍茶的產生及白茶的由來皆與綠茶炒製工藝有關，可以說是綠茶生產中創新的結晶。

綠茶炒製時，當殺青溫度過低，時間過長或殺青後未及時攤涼，未及時揉捻或揉捻之後未及時烘乾，堆積時間過長，都會使茶葉顏色

變黃，沖泡中出現黃葉黃湯。這類茶葉人們稱作黃茶。因為黃茶具有特殊的風味，於是製茶工序中突出上述不當之處，形成了黃茶特有的生產技藝。

◎ 紅茶和烏龍茶

紅茶一詞最早出現在成書於 16 世紀的《多能鄙事》，最早生產紅茶的地區是福建武夷山一帶。唐宋時期，武夷山曾是貢茶的主要產地。相傳明末時，一支軍隊從江西入閩，過境崇安縣仁義鄉，佔駐了茶場，待製的茶葉無法及時用炭火烘乾，產生紅變，茶農為了減少損失，採用易燃松木加溫烘乾，有一股濃醇松香味，又帶有桂圓乾味，口感極好的茶，這種茶稍加篩分製作即可裝簍上市，這就是正山小種紅茶。

17 世紀這種茶由山西商人運至武漢、天津、大同，轉而由荷蘭人和東印度公司出口到歐洲。18 世紀初，一批傳教士來到武夷山地區，考察了紅茶的生產。隨後將茶樹種子和製茶技術帶到了英國殖民地印度，產生了印度阿薩姆紅茶和大吉嶺紅茶等。與此同時，福建的紅茶生產技藝逐步推廣到十二個省份。

烏龍茶又稱青茶，這類茶既有綠茶的清香、花香，又有紅茶的醇厚滋味，可謂介於綠茶與紅茶之間。武夷大紅袍和安溪鐵觀音是其典型代表。其生產工藝較之綠茶、紅茶略為複雜，既吸收了紅茶發酵的機理，又兼容了綠茶控制發酵的方法，巧妙就在於製造中既不完全破壞全葉組織，又輕微擦傷葉緣組織，要求葉內細胞成分不完全變化，

江南的製茶手藝
19 世紀英國銅版畫

又有一部分發生氧化。正是這一複雜的工藝，才創造出烏龍茶獨特的色香味。從這一製造過程也看出它與綠茶、紅茶技藝的關聯。

◎ 白茶和黑茶

早期優質白茶不僅出產於白茶樹種，而且以不炒不揉生曬者為上品。由於白茶外表滿披白色茸毛，色白隱綠，湯色淺淡，口味甘醇，別有一番滋味，很受部分文人的讚賞。

　　黑茶一詞的出現大概不晚於明代中期。當時黑茶產量不多，產地有限，質量居中游。商品名稱烙在外包裝的筐篾上，每篾十斤，先蒸後曬。在茶司（管茶葉銷售的官府），一半作官茶用於邊境貿易換馬，另一半黑茶由商家在市場出售。

　　黑茶的出現可能是在綠茶製作中，殺青時葉量過多或火溫偏低，時間過長所致；也可能是在毛茶堆積時，溫度、濕度偏高，促成發酵，渥成黑色。這些黑茶失去了綠茶原有的色香，卻換來了滋味醇厚的另一番口感。

　　黑茶在口味上較接近唐宋時期的團餅茶。黑茶運往邊陲，需將毛茶製成方形、磚形、圓餅形的緊壓茶才便於運輸和儲藏，故黑茶的製作大多增加了緊壓茶工序。生產黑茶的地區大多也生產綠茶，茶農大多用初春的芽茶製綠茶，爾後才採摘較粗壯的葉枝（一芽四至六葉）為原料，經殺青、初揉、渥堆、復揉、烘乾等工序製成毛茶，再經稱茶、蒸茶、裝匣預壓、緊壓、定型、烘乾等工序製成緊壓茶。

◎ 花茶

　　花茶屬於既有茶味又有花香的再加工茶。唐代人們煮飲茶時常加入自己喜愛的配料，例如薑、蔥、鹽、橘皮、棗之類，以益茶味。到了宋代煮茶時更有加入某些香料或鮮花，以增香氣。花茶生產才見諸文字記載。

　　明代花茶生產有相當發展。清代以後，福州、蘇州等為花茶窨製

中心。所謂窨製即熏製，將鮮花與茶葉拌和，讓乾燥、酥鬆的茶葉緩慢地吸收花香，然後除去花朵，將茶葉烘乾，花茶即成。茶葉吸收花香的方法不止一種，故花茶又稱窨花茶、熏花茶、香片茶。常見的花茶有茉莉花茶、桂花綠茶、金銀花茶、白蘭花茶、玫瑰紅茶等。

發明 08

麴蘖發酵

　　麴蘖發酵是中國傳統釀酒技術的核心技藝。麴是維持微生物如麴霉、毛霉、酵母菌、乳酸菌等生存和繁殖的養料，可催化穀物糖化發酵成酒。從製麴到釀造，都需依賴多種微生物。微生物各顯其能，有的分解澱粉為單糖，有的分解蛋白質為氨基酸，有的分解脂肪為多元醇。

◎ 發酵與釀酒

在中國，無論陳醋、熏醋、香醋、米醋，均以穀物為原料經過發酵而製成。醋的製造可說是釀酒技藝的延伸，即先將穀物釀成酒，在醋酸菌的催化下變成醋。製醬技術的關鍵也是發酵，原料之差異，特別是發酵時的菌系不同，所使用的麴也不一樣。

在中國古代，一直不流行用水果（包括葡萄）來釀酒。以畜奶為原料的奶酒也只流行於游牧部落。**穀物釀酒**可以大量生產，因此，中國古代酒業，主要是穀物釀酒。穀物酒的釀造比果酒或奶酒複雜。

水果、獸奶釀酒只需酒化過程，而穀物中的主要成分是澱粉、纖維素、蛋白質等。它們不能被酵母菌直接轉化為乙醇，必須先經過水解糖化分解為單糖才能被發酵成酒。

簡單地說，第一步是先將澱粉分解為可被酵母菌利用的單糖和雙糖，即糖化過程。第二步是將糖分轉化為乙醇，即酒化過程。兩個過程依次進行，後人稱之為單式發酵；假若兩個過程同時進行，則稱之為複式發酵。

釀製馬奶酒的皮囊和搗臼

石刻畫：釀酒備酒圖

出土於河南新密打虎亭一號漢墓東耳室。它分為三欄：上欄是一排盛酒的酒甕；中欄是將酒裝入甕；下欄是描繪釀酒過程。

第 1 章　農耕、衣食的發明

酘 (dòu) 米　　下麴　　　　　　　　攪拌　　　榨壓

上頁石刻畫下欄：釀酒過程的臨摹圖

　　在西亞兩河流域、古埃及和古希臘盛產大麥、小麥，一直沿用麥芽發酵製酒，即先使麥芽糖化，後酒化的單式發酵。麥芽酒即原始的啤酒。在當時，啤酒和麪包、葡萄酒、蜂蜜酒可能是最古老的發酵食品。古埃及、巴比倫人大約在公元前四千年已經生產發酵食品。

◎ 酒麴的重要性

　　在古代的中國，利用酒麴將穀物釀製成酒。酒麴中既有能使澱粉糖化的麴霉、根霉及毛霉（霉菌在繁殖中分泌糖化酶，就像人分泌含糖化酶的唾液一樣）等，又有使糖分酒化的酵母菌、細菌等，故釀酒是複式發酵。在以酒麴（混合菌）為發酵劑的複式發酵中，除了糖化、酒化外，還同時進行蛋白質、脂肪等有機物及無機鹽的複雜的生化反

中外發酵原汁酒工藝比較

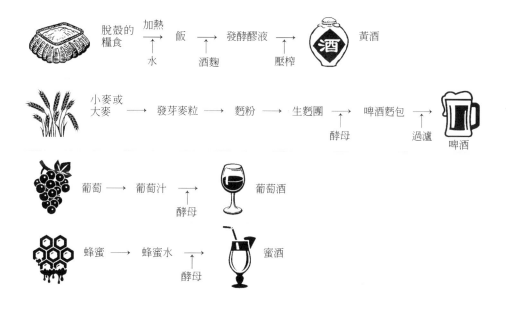

脫殼的糧食 → 加熱／水 → 飯 → 酒麴／發酵醪液 → 壓榨 → 酒 黃酒

小麥或大麥 → 發芽麥粒 → 麩粉 → 生麩團 → 酵母／啤酒麩包 → 過濾 → 啤酒

葡萄 → 葡萄汁 → 酵母 → 葡萄酒

蜂蜜 → 蜂蜜水 → 酵母 → 蜜酒

應。這使發酵原汁酒（黃酒）和蒸餾酒（白酒）發展出特有的釀造技術。

漢代劉安主撰的《淮南子‧說林訓》中說「清醢之美，始於耒耜」，釀酒技術開始於種植業的興起。《尚書‧商書‧說命（下）》中說「若作酒醴，爾惟麴糵」，商代時已知麴糵在釀酒中的作用。

從春秋戰國到秦漢，釀酒技術依靠製麴技術的進步。釀製醇香的美酒，首先要有好的酒麴；要豐富酒的品種，就要增加酒麴的種類。無論是北魏時期名著《齊民要術》，還是宋代釀酒專著**《北山酒經》**，在介紹釀酒技術時，都是花大篇幅率先講述製麴技術。

婦女在攪拌生麴團，面前就是酒發酵罐
出自埃及中王朝（約公元前 1900 年），展示一個女工在啤酒發酵中的操作。

◎ 酒麴的霉菌

　　酒麴多數以麥類（小麥和大麥）為主，配加一些豌豆、小豆等豆類為原料，經粉碎加水製成塊狀或餅狀，在一定溫度、濕度條件下讓自然界的微生物（霉菌）在其中繁殖培育而成。其中含有根霉、麴霉、毛霉、酵母菌、乳酸菌、醋酸菌等幾十種微生物。酒麴提供了釀酒所需的多種微生物的混合體。微生物在含有澱粉、蛋白質、脂肪以及適量

無機鹽的培養基中生長、繁殖，產生出多種酶類。

酶是生物催化劑，不同的酶具有不同的催化分解能力，分別具有分解澱粉為糖的糖化能力，變糖分為乙醇的酒化能力及分解蛋白質為氨基酸的能力。微生物憑藉其分泌的生物酶而獲取營養。

若麴塊以澱粉為主，則麴裏生長繁殖的微生物多數是分解澱粉能力強的菌種；若麴中含較多的蛋白質，則對蛋白質分解能力強的微生物較多。因此，麴中的不同原料會影響麴的功效，酒麴的品質亦影響酒的優劣。

◎ 外國釀酒方法

以下是中外釀酒技術的比較，可以進一步認識中國傳統釀酒技術的特色。

白蘭地因為是將葡萄酒蒸餾而成，傳統上被視為一種高貴的烈性酒。主要產地在法國。後來以其他水果為原料，只要採用白蘭地生產工藝製成的酒也稱作白蘭地，只是在冠名時前面加上該水果的名稱。不同的蒸餾方法，對白蘭地的風味有不同的影響。例如兩次蒸餾法、連續蒸餾法。

威士忌是利用發芽穀物（主要是大麥和小麥）釀製的一種蒸餾酒。由於原料的差別而有許多品種。大麥經過發芽後，放在泥炭火烘房內烤乾、磨碎、製成發酵醪，因而帶有泥炭煙香口味。完成酒化的發酵醪經過兩次間歇蒸餾，便是單體麥芽威士忌。也可將多種單體麥芽威士忌混合。例如愛爾蘭威士忌便以大麥芽加小麥、黑麥為原料，大麥

芽不經過泥碳煙火爐的烘烤處理，故成品酒沒有煙熏香味。

伏特加原產於俄羅斯、波蘭、立陶宛及某些北歐國家。它以小麥、大麥、馬鈴薯、糖蜜（甜菜廢糖蜜）及其他含澱粉物的根莖果為原料，經發酵，蒸餾製得食用酒精，再以它為酒基，經樺木炭脫臭除雜，除去酒精中所含的甲醇、醛類、雜醇油和高級脂肪酸等成分，從而使酒的風味清爽、醇和。

蘭姆酒主要是以甘蔗中的糖蜜或蔗汁為原料，經發酵、蒸餾、貯存、勾兌而製成的蒸餾酒。其生產方法主要是在甘蔗糖蜜或蔗汁中加入特選的生香酵母（產酯酵母）共同發酵，再採用間歇式或連續式蒸餾獲得酒液，在橡木桶中陳釀數年。

◎ 釀酒條件的差異

上述的介紹，可以看到古代中外各類酒的發酵工藝有明顯差別。由於自然環境和文化傳統的不同，釀造技術及其產品各有其典型的特徵。所謂自然環境的不同，主要有兩點：一是原料的不同，西方釀酒的主要原料是小麥和大麥，這兩種作物都有堅硬的外皮，較難直接蒸煮加工。因為堅硬的外皮直接阻止霉菌之類的真菌在其表面生長繁衍。

東方釀酒的主要原料是稻米、粟米，去掉軟殼後的稻米、粟米，能夠直接蒸煮，當逢遇夏季氣候炎熱潮濕的環境，加工中的穀物，特別是熟製的穀物很自然地成為真菌繁殖的陣地。二是氣候的不同，與中國有炎熱潮濕的夏季不同，在古代的蘇美爾和埃及，儘管夏天也炎

熱，但空氣卻乾燥，不利於真菌的繁殖，加上當地空氣中的真菌本來就不多，故由霉菌引發的穀物發酵就少見了。

不同蒸餾酒工藝比較

種類	中國白酒	白蘭地	威士忌	伏特加	蘭姆酒
原料	以高粱、大米為主的穀物	葡萄或其他水果	穀物和大麥芽	食用酒精	甘蔗糖蜜或蔗汁
發酵方式	固態發酵	液態發酵	液態發酵		液態發酵
糖化劑	霉菌為主		澱粉酶		
發酵劑	酵母菌	酵母菌	酵母菌		酵母菌
微生物	混合菌種	單菌種	單菌種	單菌種	單菌種
蒸餾方式	固態蒸餾	液態蒸餾	液態蒸餾	液態蒸餾	液態蒸餾

第 2 章

文字、印刷的發明

發明 09

漢字

　　漢字，又稱中文字、華文字等，經歷長久的演變而來。春秋戰國時代，很多國家都有自己的文字，如齊國有齊文字，楚國有楚文字。雖然這些文字各有差異，古文字學家可以清楚指出它們之間的區別，但是，這些文字仍在漢字的研究範疇之內。

◎ 漢字的起源

　　一般而言，秦以前的文字統稱為古文字，包括甲骨文、金文、戰國文字、小篆等。秦以後，漢字的形體基本定型，官方使用小篆、皂隸，平民多習用隸書。從此以後，只在書體風格上加以變化。

　　關於漢字的起源，有許多故事與傳說。據唐代人所撰《**墨藪**》記載：庖犧氏（伏羲氏）獲景龍之瑞，作龍書；神農氏作八穗書，頒行時令；黃帝史倉頡寫鳥跡為文，作篆書；金天氏作鸞鳳書；帝堯陶唐氏作龜書；夏后氏作鐘鼎書。

　　倉頡作書傳說在漢代流行，從出土文物上也可見一斑。不僅畫像石中有倉頡的圖像及榜題，漢簡中也屢見「**倉頡作書，以教後嗣**」之語，東漢三國時期的銅鏡上還鑄有「**倉頡作書，以教後生，遂（燧）人造火，五味**」的銘文。

◎ 甲骨文

　　甲骨文又稱「**契文**」「**甲骨卜辭**」或「**龜甲文字**」「**殷墟文字**」，主要是指刻在龜的腹甲、背甲或牛胛骨上的一種文字，偶爾也用其他獸骨刻字。商代非常迷信鬼神，遇到大事要用龜甲、獸骨占卜，並將內容、結果，用文字刻在甲骨的卜兆旁。內容多與祭祀、田獵、風雨、戰爭、疾病之類相關，記錄和反映商朝的政治、經濟和軍事情況。

　　迄今為止，已發現的甲骨在十五萬片以上，文字總數在四千以上，但為學者所確識的尚不足三分之一。此外，在數量龐大的商代青銅器

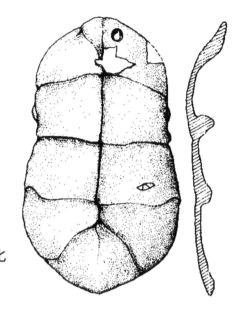

舞陽賈湖裴李崗文化
遺址出土刻符龜甲

中，其中不少都鑄有銘文。早期的商朝遷都頻繁，據史料記載共有
十三次之多，直至遷至殷墟才穩定下來。殷墟位於河南安陽，因而甲
骨多出自此地。

◎ 象形文字的來源

在甲骨文裏找到大量象形文字。象形文字來源於對自然界事物的
臨摹和仿造。象形字的來源可能與早期的刻畫符號有關。這種文字更
像是圖畫，符號的性質反而較少。綜觀世界，不少文明古國也創造過
象形文字，如**古埃及的聖書文字、蘇美爾人的楔形文字、古印度的「哈
拉本」印章文字**等。還有，雲南納西族大祭師所使用的**東巴文**、水族

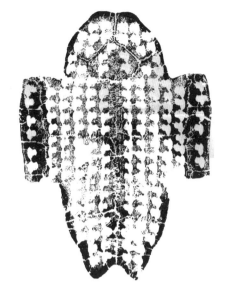

甲骨文合集 376（正）　　　　　　　甲骨文合集 376（反）

所使用的**水文**中也都保留大量的象形文字。

　　不過，有些實體事物不易畫出來，有些抽象事物更畫不出來，於是，發明了其他方法來表示。漢代學者將造字的方法歸納後，統稱為「**六書**」，分別是：**象形、指事、會意、形聲、轉注、假借**。

　　「六書」或稱「四體二用」，轉注、假借為用字法，其餘四種為造字法。造字的方法，有的仍建立在象形字的基礎上，再增加意符或聲符而構成新的文字。

◎ 金文是甚麼？

　　殷商時代的貴族除在甲骨上刻有文字外，還在青銅器上鑄有文

西安出土「倉頡」銘銅鏡拓本

甲骨文合集補編 1804（正）

字。古代以祭祀為吉禮，「國之大事，唯祀與戎」，故稱青銅祭器為「吉金」，而以青銅器為載體的文字則被稱作金文、銘文。

商代青銅器的分佈地域，比甲骨文要廣闊得多，南至長江以南、西至甘肅、東至山東、東北至遼寧都有出土等。

一般認為，在甲骨文與金文並用的殷商時代，甲骨文代表的是占卜文化，金文代表的是祭祀文化。甲骨文相對於金文可視為俗體字，因為金文典雅、莊重，有的甚至不惜工本加以繁化、美化。

進入西周後，青銅器不僅形制、紋飾發生重大變化，而且大量出現長篇銘文，如毛公鼎的銘文竟然多達四百九十七個字。與殷商金文的祭祀敬神作用不同，西周金文的內容更加豐富多樣，更注重現世的輝煌。

后母戊鼎

后母戊鼎銘文拓片

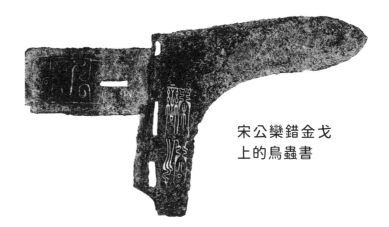

宋公欒錯金戈
上的鳥蟲書

西周禽簋及銘文拓片

◎ 金石學的誕生

　　過去，金文常被稱作「鐘鼎文」，源於商周禮器以「鼎」為代表，樂器以「鐘」為代表，又因鐘、鼎器形碩大，承載銘文較多，所以更具代表性。以研究青銅器為主的學科，則被稱為金石學。

　　金石學由宋人首創，主要研究金、石銘刻，金以銅器為主但不限於銅，凡是金屬物品上的銘文皆在收集之列。宋人收藏銅器，極重銘文，如呂大臨《考古圖》、王黼《博古圖》、王俅《嘯堂集古錄》等書，都注重對銘文的收集與著錄。清代學者遵循宋人的學風而更有所發展，如阮元《積古齋鐘鼎彝器款識》、方濬益《綴遺齋彝器款識考釋》等書，資料不斷增多，釋文考證時有可觀。

◎ 鳥蟲書

　　在周代金文中，還有一類特殊形體的文字，稱為**鳥蟲書**，也稱**鳥蟲篆**。鳥蟲書是變形的裝飾文字，並非另一種文字系統，雖然製作華麗工細，使用範圍卻極為有限。

　　鳥蟲書的特點是常以錯金形式出現，在篆書的基礎上回環盤曲，有的將文字與鳥形融為一體，或在字旁與字的上下附加鳥形作飾，如越王勾踐劍銘、越王州勾劍銘。有的筆畫蜿蜒盤曲，中部鼓起，首尾出尖，長腳下垂，若蟲類軀體之彎曲。如春秋晚期楚王子午鼎銘，變化多端、辨識頗難。

鳥蟲書大致肇端於春秋中後期，至戰國大盛，主要流行於長江中下游地區，影響及於中原一帶。吳、越、楚、蔡、徐、宋等國青銅器上都有發現。今天所能見到的鳥蟲書主要是青銅器銘文，尤以兵器為多，少數見於容器、璽印。戰國以後，鳥蟲書使用日少，不過在漢代禮器、漢印乃至唐代碑額上仍或可見。

◎ 各式書寫材料

春秋以前，銅器銘文絕大部分是和器物一起鑄成的，戰國中期以

曾侯乙墓二十八宿漆箱

後，往往是在器物製成以後用刀刻出來的，如秦國的兵器銘文基本上都由刀刻成。

春秋戰國時期所使用的文字除刻在銅器上外，還有其他載體，諸如璽印文字、貨幣文字、陶文、漆器文字、玉石文字、簡帛文字等。

在紙普及之前，簡和帛是古人最常用的書寫材料之一。根據文獻推測，簡至遲在商初就已使用，帛用作書寫材料也許要稍遲一些。由於簡帛易損壞、腐爛，所以早期的簡帛文字很難保存下來，已知的簡帛文字以戰國時代的為最早。

已發現的楚簡皆用毛筆蘸墨書寫，內容多是關於陪葬器物或送葬車馬的記錄，還有占卜記錄、司法文書、關於時占的書，以及與《尚書》《逸周書》《詩經》等或存世或散佚的、與古書有關的文獻內容。

◎　《說文解字》

《說文解字》收集了九千多個小篆，是最豐富、最系統的秦系文

璽印文字

齊國陶文

石鼓文玉石文字

字資料。不過,《說文解字》成書於東漢中期,時人所寫的小篆字形,已有不少錯訛。此外,包括許慎在內的學者,對小篆的字形結構也有些錯誤理解。成書以後,屢經歷代書手刻工傳抄、刊刻,一些校勘者又造成了一些錯誤。因此,《說文解字》小篆中有部分字形不可靠,需用秦漢金石等實物的小篆加以校正。

據研究,春秋戰國的秦文字是逐漸演變為小篆。「大篆」「秦篆」和「小篆」等名稱是從漢代才開始使用的,秦代大概只有「篆」這種字體的總稱。另外,銘篆指鐫刻在器物上的銘文,時人認為隸書是不登大雅之堂的字體,只有篆文才有資格銘刻於金石。

◎ 統一文字

早在春秋時代,秦國文字已與其他國家的文字有相當顯著的區別,到了戰國,東方各國文字的變化加劇,與秦文字的差異也就愈發突出。

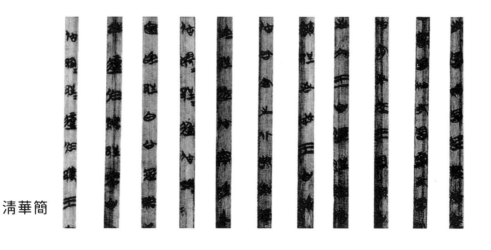

清華簡

長沙子彈庫楚帛書

成篇文字的戰國帛書。湖南長沙子彈庫戰國楚墓盜
掘出土。上有九百多個墨書文字，文字四周繪有
十二個怪異的神像，帛書四角有用青紅白黑四色描
繪的樹木圖像，內容為天象、災變、四時運轉和月
令禁忌等楚地流傳的神話與禁忌。

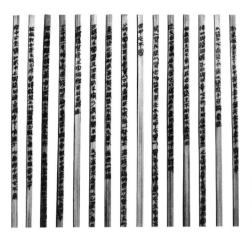

雲夢睡虎地秦簡之《法律答問》
從雲夢睡虎地秦簡上的文字可知，在這批竹簡的抄寫時代，隸書已經基本形成。

秦滅六國以後，迅速推行「書同文」，以秦國文字為標準統一全國文字。雖然秦王朝以嚴刑峻法統一文字，但六國文字的影響並未完全消失，如西漢早期簡帛上，仍大量保留楚文字的遺跡。

◎ 隸書

到了漢代，隸書取代小篆成為主要字體。《漢書‧藝文志》說隸書始於秦代，為應付繁忙的官獄事項而造的簡便字體，事實可能並非如此。考古發現，隸書可能形成於戰國晚期。當時秦國人在日常生活中，為了書寫方便而不斷改造正體的字形，因而產生了俗體。俗體用方折的筆法改變正規篆文的圓轉，具有濃厚的隸書味道。

在秦孝公時代的銘文裏，正體和俗體並存。雖然，秦簡所代表的隸書尚未成熟，只是一種新興的輔助字體，但隸書書寫比小篆方便，

所以得以迅速發展。

　　一般認為，西漢武帝時代是隸書發展成熟的階段。秦代和西漢早期的隸書稱為早期隸書。早期隸書很多字形接近篆文，武帝晚期以後，這種現象才逐漸減少。

◎ 草書

　　漢代使用的字體，除隸書外還有草書。廣義而言，凡是寫得潦草的字都可以算作草書。但狹義而言，是指漢代形成的特定草書字體。大約從東晉開始，為了區別當時的新體草書，稱漢代的草書為章草，而稱新體草書為今草。

　　草書可說是輔助隸書的一種簡便字體，它除了用於起草文稿和書信外，還深受書法家青睞。不過，草書由於字形太簡單，彼此容易混淆，無法取代隸書而成為主要的字體。

◎ 行書和楷書

　　東漢晚期還出現了一種新字體行書。今天所熟悉的行書是一種介於楷書和今草之間的字體，根據專家推測，行書可能是由於書寫時行筆較快而得名。

　　進入南北朝之後，楷書成了主要字體。楷有楷模之意，「楷書」原意是指可以作為楷模的字，而非某種字體的專名。漢字進入楷書階段以後，字形還在繼續簡化，由於書寫者習慣的不同，遂產生大量俗

顏眞卿《多寶塔碑》（局部）
《多寶塔碑》是唐代楷書的代表作。

體字、異體字，但字體已沒有太大變化。許多後世的字書，如《玉篇》
《龍龕手鏡》等就收錄了大量正體之外的俗體字。

　　不難發現，在形體上，漢字逐漸由圖形變為筆畫，由複雜變為簡
單；在造字原則上，從象形、表意為主到形聲為主；在總字數上由少
到多，但常用字數量始終在三四千字。

發明 10

造紙術

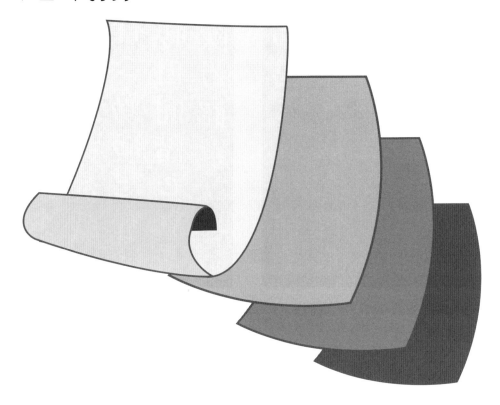

　　關於造紙的起源，大體有兩種不同觀點，一是東漢宦官蔡倫發明，二是西漢已有紙，這一說主要依據考古發現。考古學家在不同地點均發掘出幾批西漢麻紙。

◎ 紙發明於何時？

蔡倫不是紙的發明者，他的歷史貢獻在於總結了前人製造麻紙的技術和經驗，生產大批優質麻紙獻於朝廷。他倡導研製楮皮紙，以木本韌皮纖維造紙，這一發明，擴充了原料來源，推動了造紙術的發展。

最原始的造紙流程，很可能共有八個步驟：浸濕→切碎→洗滌→春搗→打漿→抄紙→曬紙→揭紙。

西漢是麻紙萌芽階段，紙產量不大，產地不廣，品質欠佳，不足以代替簡帛。至東漢和帝時，蔡倫監製出一批優質麻紙，獻之於朝廷，得到推廣，「自是天下莫不從用焉」。

◎ 簡帛被淘汰

至晉代，紙已成為主要書寫材料，紙寫本迅速增加，促進了文教、科技和宗教的發展。魏晉南北朝時期，造紙在產量、品質或加工等方

馬圈灣紙
在不同地點均發掘出西漢麻紙

面都有提升，原料範圍不斷擴大，新工藝技術亦隨之出現，造紙名工輩出。從留存的實物可知，魏晉南北朝的紙比漢代紙有明顯的進步，主要表現在白度提高、表面更光滑、結構較緊密，紙質細薄且有明顯的簾紋，紙上纖維束較少。

在漢代，還是簡帛並用，紙只是新材料，但是到了晉代造出大量潔白平滑而方正的紙後，不必再用昂貴的縑帛和笨重的簡牘，最後徹底淘汰了簡牘。考古發現，東晉以降，墓葬或遺址中出土的文書便不再是簡牘，而全是紙了。

紙的普及，亦令社會需求更多更好的紙。晉初官府藏書即以萬卷計，著述之多引起抄書之風盛行，又促進了書法藝術及字體的變遷。晉代能出現王羲之、王獻之如此傑出的書法家，也有助於紙的普遍使用。當時抄佛教、道教的經書也耗掉大量的紙。

◎ 造紙工藝多元發展

這時，南北各地建立官私紙坊，就地取材造紙。北方以長安（今西安）、洛陽、山西、山東、河北等地為中心，生產麻紙、楮皮紙、桑皮紙。東晉南渡後，今紹興、安徽南部、南京、揚州、廣州等地成了南方造紙中心，紙種基本與北方相同。

南朝劉宋時，**張永**所造的紙為宮廷御用紙所不及，除本色紙外，他還生產各種色紙；除使用單一原料外，還將樹皮纖維與麻纖維原料混合製漿造紙。

魏晉南北朝時對紙的加工技術也有發展，包括施膠、表面塗佈、

1.洗料 2.切料 3.洗料 4.燒製草木灰水 5.蒸煮 6.搗料 7.打槽 8.抄造 9.曬紙、揭紙

漢代造紙工藝流程圖

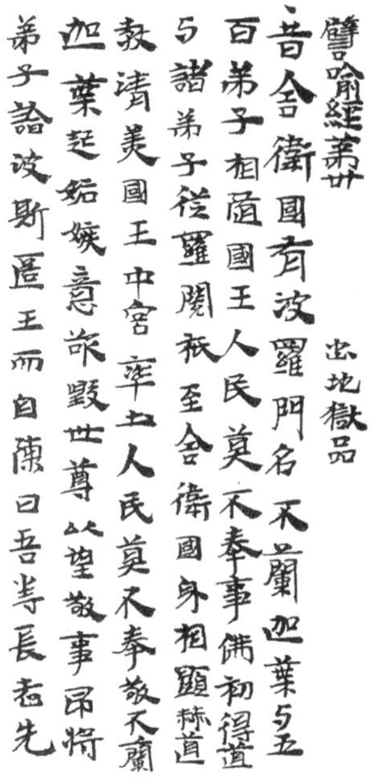

敦煌出土前秦甘露元年（359 年）寫本《譬喻經》

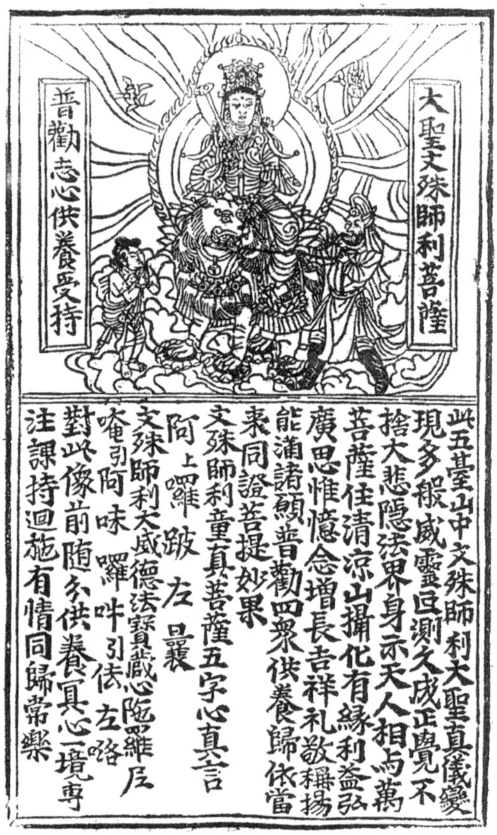

敦煌石室所出五代單頁印張《文殊師利菩薩像》

染色等。晉代已有**施膠技術**，早期施膠劑是植物澱粉劑，或刷在紙面上，或摻入紙漿中，以增加紙的不透水性，將纖維間毛細孔阻死，或改善紙漿懸浮性。而迄今年代最早的施膠紙，是後秦白雀元年（384 年）墓葬物清單用紙，表面施以澱粉劑，再經磨光。

表面塗佈技術，是將白色礦物細粉用膠黏劑均勻塗刷在紙面，再以石研光，這樣既可增加紙表的白度、平滑度，又可減少透光度，使紙表緊密，吸墨亦佳。

紙張加工的另一技藝是**染色**。除增加紙的外觀美外，有時還可改善紙質。最常用的色紙是黃紙，早在漢代已有。魏晉發展了染潢技術，或先寫後潢，或先潢後寫。**黃紙**廣泛在公私場合使用，特別用於抄寫佛教、道教經典。染潢所用的染料為芸香科落葉喬木黃蘗皮，除染色外，還有驅蟲防蛀作用。王羲之、王獻之都愛用黃紙寫字。除黃紙外，還有青、赤、縹、綠、桃花等色紙。

◎ 造紙原料的突破

隋唐五代時期，造紙原料品種進一步擴大，紙製品普及於民間日常生活之中，造紙區遍及南北各地，在改善紙漿性能、改革造紙設備等方面取得進步，可造出更大幅的佳紙，滿足了書畫藝術的要求，紙的加工更加考究，出現一些名貴的加工紙而載於史冊，並為後世效法。雕版印刷術的發明更是刺激了造紙業的進一步發展。

造紙原料品種的擴大，是造紙技術的一大進步。隋唐時所用的原料有麻類、楮皮、桑皮、藤皮、瑞香皮、木芙蓉皮、竹等；竹紙於 9 至 10 世紀在廣東、浙江初露頭角，以竹料造紙是造紙史上一大發明。隋唐時雖仍主要造麻紙，但其他原料紙的產量已比魏晉南北朝時大為增加，也出現更多的混合原料紙。

唐代有用野麻生纖維造紙，需漚製脫膠，比用破布費事，但原料

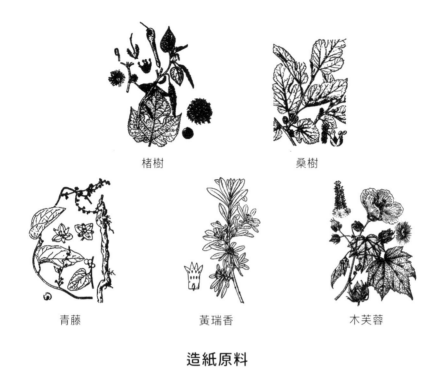

楮樹　　　　　桑樹

青藤　　　　黃瑞香　　　　木芙蓉

造紙原料

敦煌石室發現的隋末寫本《妙法蓮華經‧法師功德品》

這份古經文使用桑皮紙，染成淡黃色

寫是人當得八百眼功德千二百耳功德八
百鼻功德千二百舌功德八百身功德十二
百意功德以是功德莊嚴六根皆令清淨若
善男子善女人父母所生清淨宗眼見於三
千大千世界內外所有山林河海下至阿鼻
地獄上至有頂亦見其中一切眾生及業因
緣果報生處悉見悉知尔時世尊欲重宣此
義而說偈言

妙法蓮華經法師功德品第十九

尔時佛告常精進菩薩摩訶薩若善男子善
女人受持是法華經若讀若誦若解說若書

何況一心聽解說其義趣　如說而修行
若於講法處　勸人坐聽法　是福因緣得
後生天人中　得妙象馬車　珍寶之輦與　又乘天宮殿

若故詣僧坊　欲聽法華經　須臾聞歡喜　今當說其福

釋林轉輪生

其福不可量

豐富，成本低廉。藤紙在唐代達到全盛期，產地不局限於浙江，青、黃、白色藤紙各有不同用途。廣東羅州(今廉江)用棧香樹皮造紙，名為**香皮紙**。唐代女詩人薛濤在四川用木芙蓉皮為原料，再將芙蓉花汁摻入紙漿，造出粉紅色等多種顏色的**薛濤箋**，名重一時。

◎ 紙製日常用品

造紙原料增多，造紙術也遍及各地，據古書記載，僅唐代向朝廷貢紙的就有常州、杭州等十一個州邑。唐代可造出幅面更大的紙，紙本繪畫從這一時期迅速增長，傳世的有韓滉的設色《五牛圖》，出土的有設色花鳥畫及人物畫。

隋唐五代時許多日用品也以紙製成，以代替其他昂貴材料，如燈籠紙及糊窗紙，紙的表面塗上油成為防水紙，可代替絹料。至於紙衣、

吐魯番出土的唐代紙冠

紙帽、紙被、紙帳、紙甲、紙花、剪紙及包裝紙等都可代替過去用的紡織品。唐代「**飛錢**」是紙幣的先驅,用以代替金屬貨幣。此外,也用紙做成紙人、紙錢為死者送葬時化去。

◎ 生紙和熟紙

為了適應寫字繪畫的需要,唐代明確將紙分為**生紙**和**熟紙**,生紙是直接從紙槽抄出經烘乾而成的未加工處理過的紙,而熟紙是生紙經加工過的紙。畫工筆設色畫及寫小字時,一般用熟紙;而水墨畫及大字書法宜用生紙。

唐代還有專門的熟紙匠,將生紙加工成適於書寫的具有特性、顏色及外觀要求的熟紙。唐代施膠除用澱粉劑外,還使用動物膠及植物膠作施膠劑。

唐代黃紙中有一種加蠟處理的紙叫**硬黃紙**,最為名貴,凡是重要或莊重的場合使用的文本,會用硬黃紙書寫,如**敦煌石室唐人寫經**中道經《無上祕要》、佛經《妙法蓮華經》等。這種紙先用黃檗皮染潢,再在紙上塗以黃蠟,故紙質厚重光亮,雖經千年猶如新作。

唐代還有填加白色礦物的蠟箋紙,或曰粉蠟箋,兼具粉箋和蠟箋的特點。唐代紙工還借用了漆工及絹工的一些裝飾技術手法,發明將金銀片或金銀粉塗飾在紙上的加工技術,叫**金花紙、銀花紙**或**灑金銀紙、冷金紙**等。為使貴金屬的光澤奪目,所用紙地多為各種色紙。唐人李肇《翰林志》說,凡朝廷對將相的任命狀,用金花五色綾箋。

唐代還有**花簾紙**和**砑花紙**,這類紙迎光看時,紙面上能顯出簾紋

以外的發亮線紋或圖案。花簾紙的製法是在抄紙竹簾上用線編成紋理或圖案，凸起於簾面，抄紙時此處漿薄，故紋理發亮而呈現於紙上。砑花紙是將雕有紋理或圖案的木板用強力壓在紙面上，於是紙面上也呈現紋理或圖案。

◎ 竹紙的崛起

宋元時期是中國造紙術的成熟階段。造紙區域、紙的品種及加工技術都有發展。用量而言，宋元紙大部分用於印刷。竹紙崛起的同時，大幅優質皮紙也出現。此外，還出現了有關紙的專門著作。

竹紙的真正發展是北宋以後的事情，迄今所見竹紙的樣本也是北

北宋米芾《珊瑚帖》竹紙本法書

宋以後所造。蘇軾在《東坡志林》卷九云：「今人以竹為紙，亦古所無有也。」可見，竹紙在北宋人心目中還是新鮮事物。

據北宋蘇易簡《文房四譜‧紙譜》所說，北宋初造的竹紙拉力不大，人一拆容易折裂，故作寫密信用。竹紙至南宋時品質獲得提高，一般認為有五大優點：表面平滑、受墨性佳、容易運筆、墨色不變、抗蛀性強。

宋元時還大量用竹紙印書，宋元刻本以浙江杭州、福建建陽、四

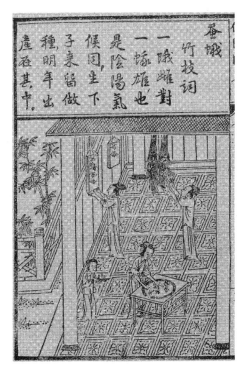

以厚桑皮紙作蠶種紙
取自鄺璠《便民圖纂》

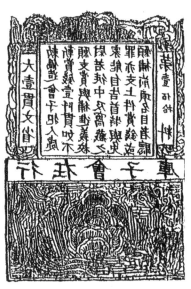

南宋在杭州鑄的一貫面額會子的銅印版臨本

川成都、江西吉州等地為中心，福建本流傳甚廣，多印以竹紙。

蘇易簡《文房四譜‧紙譜》中還提到，當時已用麥莖、稻稈造紙。但早期草紙較脆薄，因草屬短纖維原料，後來祭祀用的「火紙」及衞生用紙、包裝紙多用這類紙。

由於原料不足，晉唐時一度盛行的藤紙，至宋元逐漸退出歷史舞台；麻紙只在有限地區內生產，統治地位讓給了竹紙及皮紙，這種趨勢一直保持到 19 世紀末的清代晚期。宋元書畫、刻本及公私文書中多用皮紙，其產量之大、品質之高均遠在隋唐五代之上，這也導致書畫家更喜歡在皮紙上創作書畫。

宋元刻本書也多用皮紙，如北京圖書館藏北宋開寶藏經《佛說阿惟越致遮經》用的就是高級桑皮紙。宋元時還製造混合原料紙，這又是一大成就。如北京圖書館藏北宋米芾的《公議帖》《新恩帖》是竹、麻混料紙，《寒光帖》是竹、楮混料紙，而其《高氏三圖詩》是麻、楮混料紙。

宋元時期，還採用故紙回槽，摻到新紙漿中造再生紙的工藝，所製的紙叫「**還魂紙**」。

◎ 傳世的名紙

宋代造紙的另一巨大成就是能抄出長三至五丈的匹紙，傳世品有遼寧省博物館藏宋徽宗的草書《千字文》。還有觀音簾紙、鵠白紙、彩色粉箋等。元代紹興有彩色粉箋、蠟箋、黃箋、花箋、羅紋箋等，江西有白籙紙、觀音紙、清江紙，還有砑光箋、衍波箋等。

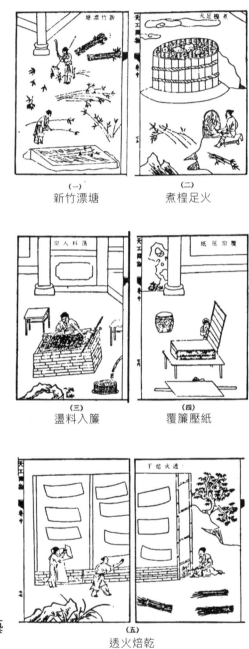

（一）
新竹漂塘

（二）
煮楻足火

（三）
盪料入簾

（四）
覆簾壓紙

（五）
透火焙乾

《天工開物》載竹紙製作工藝
流程圖

元代竹紙刻本《事林廣記》插圖

　　從宋代「**冰翼紙**」這一名目中可知其密薄而潔白，造這類紙要有高超的技藝。

　　在藝術加工紙中，宮廷官誥文書用**泥金銀雲鳳羅綾紙**，這類彩色金銀箋形制脫胎於絹製品，造價相當昂貴。至於彩色粉箋及蠟箋，則多用於寫字，裝成條幅懸掛室內。

　　宋代名紙首推**金粟山藏經紙**，簡稱金粟箋，其為浙江海鹽西南金粟山上的金粟寺藏北宋刊刻的大藏經用紙，其紙每幅均有小紅印日「金粟山藏經紙」，紙雙面皆蠟，無紋理。從工藝上看，金粟箋顯然是唐代硬黃紙的延續，紙較厚，每張由兩層薄紙所成，故可揭成兩張。元代明仁殿紙及端本堂紙，為內府御用的藝術加工紙。

　　明清時羅紋紙、連史紙，也從宋元基礎上發展起來。元人費著《蜀

箋譜》云：「**凡紙皆有連二、連三、連四箋。**」「連四」後稱「連史」，為柔軟潔白竹紙。羅紋紙上有縱橫交叉的細密紋理。元代還有姑蘇紙，是彩色粉箋，有時印金銀花於其上。

◎ 特別用途的名紙

　　中國繪畫在漢晉唐多用絹，唐代起漸用紙，至宋元則多用皮紙。紙的幅面愈往後愈大，紙上簾紋也隨之變細。宋代金石學發達，這要求對古代鐘鼎、石刻文字進行墨拓，所用紙必須薄而堅，同時又柔韌受墨，製造相當難。紙在宋元另一重要用途是印成**貨幣**，這樣節約了大量金屬，又便於攜帶。

　　宋元時期，舉凡紙帳、紙衣、紙傘、紙被、剪紙、紙花等，應有盡有，遊戲用的紙牌也深入民間。宋元時民間還有**紙影戲**。紙在工業生產中也廣為利用，宋代煙火、火器製造中的火藥筒、火藥包及引線都以紙為之，而養蠶時人們用桑皮紙供雌蛾產卵。

◎ 加工紙的發展

　　宋元時，舂搗紙料有時用水力驅動的水碓以代替人力，既降低勞動力的負擔，又提高了工作效率。水碓漢代已有，但未運用於造紙，唐宋以後才逐漸用於舂紙料。抄紙時為提高纖維的懸浮性能，向紙漿中加入植物黏液作為懸浮劑。

　　至南宋周密的《癸辛雜識》，更記錄植物黏液的不同種類，包括

黃蜀葵梗葉、楊桃藤、槿葉及野葡萄的水浸液。其他文獻也有類似說法，並稱此黏液為「**滑水**」「**紙藥**」或「**紙藥水**」。宋元紙質大幅度提高，不能不說與廣泛使用紙藥有關。

明清時安徽涇縣特產的**宣紙**為一時之甲，因涇縣舊屬宣州府而得名，其原料主要是青檀皮，這是一種落葉喬木，取其枝條韌皮造紙。竹紙中以江西、福建的「連史」「毛邊」最為普遍，多用於印刷書籍。麻紙主要產於北方，產量不大；皮紙南北各地都有，產量居第二。稻麥稈紙用於造次紙、包裝紙、「火紙」或作紙板。

宣紙特點是潔白柔韌、表面平滑、受墨性佳。明清時上等宣紙供內廷、官府公文用紙及書畫用紙。

明代加工紙中最著名的是**宣德貢箋**，製於宣德年間，有五色粉箋、五色金花紙、瓷青紙等品種。此後仍繼續生產，供內府使用，後從內府傳出，遂為世人推重。

明代蘇州一帶的**灑金箋**及**松江譚箋**也名重一時。清代加工紙品種最多，有梅花玉版箋、描金雲龍粉蠟箋、羅紋紙、髮箋、雲母箋等。此外，還有仿澄心堂紙、宋金粟紙、薛濤箋、元代明仁殿紙等。

明清時還有關於各種加工紙的技術記載，明人屠隆《考槃餘事》及馮夢禎《快雪堂漫錄》二書，較集中地談及各種紙加工技術，包括染製宋箋法、造金銀印花箋法、造槌白紙法及染紙作畫不用膠法，具有重要參考價值。

發明 11

印刷術

　　印刷術，包括雕版印刷術和活字版印刷術。活字版印刷術發明於宋代慶歷年間，至元、明、清代發展成錫、木、銅、鉛等各種活字印刷，其中以木活字使用最多。自唐代初期至清末，一直以雕版印刷為主。清末以後，傳統的雕版與舊有的活字版逐漸被西方的石印和鉛印所取代。

◎ 雕版印刷術的發明

所謂雕版印刷，是將文字反刻在一塊平整的木板或其他資料的板上，在印版上加墨印刷的方法。雕版印刷術始於何時？學者大都認為始於唐代。至於唐代說的年份也有不同見解。

現存唐印本，較早的有在韓國發現的《無垢淨光大陀羅尼經》。新疆吐魯番也曾發現印有武后新字的《妙法蓮華經》殘卷。而敦煌發現的咸通九年本《金剛般若波羅蜜經》尤其有名。五代十國的刻書事業相當流行。

◎ 印刷「紙幣」

宋代教育文化發達，開封京城有太學和武學、律學、算學、醫學、畫學等專科學校，杭州城內鄉校、家塾、書舍遍及里巷。由於學生眾多，自然需要課本與各種圖書。宋代刻書的重要地區，包括汴京、杭州、成都府等。出版機構有國子監、崇文院、祕書監、國史院、進奏院、刑部、大理寺、編敕所等。

因為杭州刻印精良，北宋有不少監本是送到杭州雕鏤的。南宋建都後有國子監、太醫局、臨安府及府學等處刻書，民間書坊出書也多。

成都府與杭州一樣，印刷業有較好的基礎，宋代初期在該地創刊第一部佛教大藏經《開寶大藏經》（又稱《宋開寶刊蜀本大藏經》《開寶藏》），為後來各種佛藏的祖本。

建寧，位於福建北部，自宋代至明代末期為出版中心之一，附屬

的建陽縣之麻沙、崇化兩坊，號為「**圖書之府**」，印本行銷四方，遠及高麗和日本。

　　宋代刻本內容豐富，史有「十七史」及古史、宋人記當代的私史；地理書有總志及地方志數百種。除古代諸子外，又刊印《算經十書》、古農書等科技書。政府重視醫藥書籍，一再校正刊行中醫典著作。士大夫如蘇軾、沈括等，更喜歡把自己用過的及家傳良方刊行，多達五十種。小兒科、婦產科、針灸科、本草等書籍也一再刊行。其他印刷品尚有稱為「**交子**」「**會子**」「**關子**」的大量紙幣，作為運銷交易憑證的「**茶鹽引**」及民間的印契、版畫等。

◎ 元代印刷各經及史籍

　　刻書地點重要者有大都（今北京）、杭州、建寧、吐魯番。廣成局是中央刻書機構之一。又設立興文署，召集工匠刻印經史子版，以《資

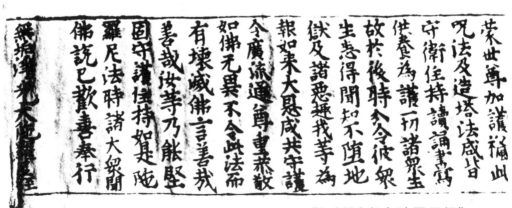

《無垢淨光大陀羅尼經》

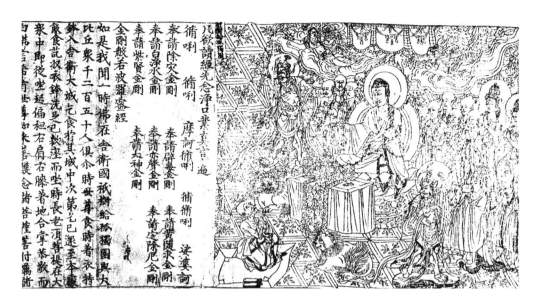

咸通九年（868 年）本《金剛般若波羅蜜經》

治通鑒》為起端，國子監刻小字本《傷寒論》，太醫院刊《聖濟總錄》，書坊刻元雜劇等。

　　元代官府也喜歡將官書送往杭州印造，如把新修《宋史》淨稿，用飛馬報送杭州，精選高手依式鏤版，印造一百部。建寧，建安、建陽書坊出書較多。

　　道士宋德芳與門徒用五百多名工人，刻《玄都寶藏》。刊印蒙古文譯本《孝經》《貞觀政要》等，並大量印造鹽茶引、紙幣等。

◎ 明代刻書業興盛

明洪武元年八月下令免除書籍稅，使刻書業蓬勃發展。明嘉靖以

後，司禮監經廠有一千二百多人從事出版印刷。官、私刻書數量之大，品種之多，超越宋元兩代。當時兩京十三省無不刻書，重要的有南京、北京、杭州、湖州、蘇州、徽州和建寧。

南京，明初南京國子監接收了元代杭州西湖書院所藏南宋國子監舊版百餘種，又取地方所刻書版及監中新刻，共約三百種。南京各部院衙門、應天府也各刻書，書坊多至百餘家。

北京，明永樂十九年遷都北京。出版行業歸太監司禮監經廠庫掌管，先後刻有經書約二百種，稱「**經廠本**」。北京國子監所刻，多據南監為底本，約九十種，重要者有《二十一史》等。都察院也刊書，欽天監每歲奏准印造《大統曆日》，頒行國內外。

明代有藩王府刻書，刻印裝裱精良，稱「**藩府本**」。以南昌寧王府與其子孫弋陽王府為最多，蜀藩次之。也有太監自己出資刻書，為歷代所無。除翻刻古書外，又大量出版本朝人著作。明代人凡中一榜或戴過紗帽的必有一部刻稿，詩文別集約六千種。通俗文學《三國演義》《水滸傳》《西遊記》等一再刊版。明代科技書、醫藥書出版亦多，又介紹了歐幾里得**《幾何原本》**、熊三拔**《泰西水法》**等西方科技書。北京南堂出版了天主教會書。

◎ 清代套色印刷精品

努爾哈赤已知用印刷來為政治宣傳，今存其《檄明萬曆皇帝文》。進關後刊行漢文與滿文書籍，稱「**內府本**」，式樣仿明經廠本。康熙開設修書處於武英殿左右廊房，掌管刊印裝潢書籍。乾隆間刻《十三

元代兩色套印《金剛經》

經註疏》《二十四史》，稱「**武英殿版**」，簡稱「殿版」，康熙、乾隆兩代所刻最精，殿版用開化紙，紙墨精良，為清代印本之冠。殿本於嘉道以後衰落。

清代地方官署刻書不及宋、明兩代。太平天國後，曾國藩首創金陵書局於南京。此後仿效者十餘省，各於省會設立官書局。各局所刻共約千種，稱「**局刻本**」。為普及起見，「價均從廉」，故紙墨質量均差。清代南京、杭州的書坊已衰落，主要集中於北京，有字號可考者百餘家（一說三百家），多在宣武門外琉璃廠一帶。蘇州書坊約有五十家，次為廣州及佛山。

清代除翻刻古書外，亦大量刊印清人詩文集。通俗文學如彈詞、

寶卷、鼓詞、子弟書、民歌等小冊子，多至數萬種。清代地方志約存
七千種，以康熙、乾隆時代的方志最多。叢書近三千種（包括子目約
七萬種），多為江浙人所編，內有不少地方叢書。滿文書多刻於內府及
北京書坊。

　　中興路（今江陵）資福寺所刻無聞和尚注釋的《金剛經》，用朱、
墨兩色套印。餖版彩印，即是分色分版的套印方法，在印刷史上是一

丁亮先餖版印刷花鳥畫

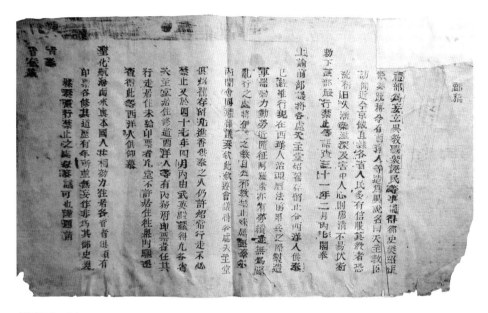

蠟版印刷

大飛躍。最突出的代表作品有江寧人吳發祥刻的《蘿軒變古箋譜》，山水花草動物圖，用餖版、拱花法套印。乾隆時蘇州教徒丁亮先、丁應宗用餖版印刷了許多花鳥畫，雕刻精細，並採用拱花技術，色彩絢麗，亦是套色印刷中的精品。

◎ 蠟版印刷、錫澆板和泥版

宋朝人不但用各種木板、銅板為印刷工具，並發明用蠟來印刷。這種蠟印適用於緊急需要而有時間性的作品，元明兩代是否使用，未見記載，清代則常用來印刷報紙。

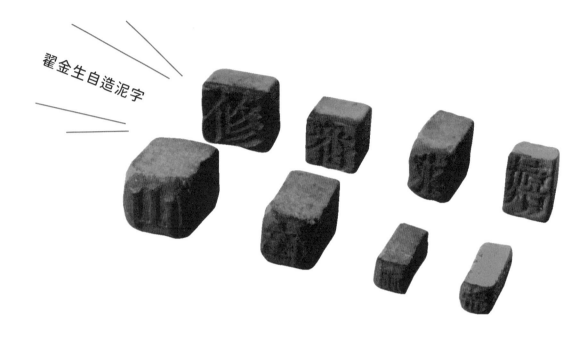

翟金生自造泥字

　　明初已有人用錫版來印造偽鈔而遭到極刑。清朝時,新昌秀才呂撫於乾隆元年用自造泥字,製成泥版,印成自著的《精訂綱鑒二十一史通俗衍義》,在書中詳細介紹了印刷方法。作家而兼印工,在中國印刷史上比較少見。

◎ 活字版印刷術

　　據北宋科學家沈括所著《夢溪筆談》卷一八「技藝」載,泥活字為慶曆年間平民**畢昇**所發明。方法是用膠泥刻字,每字一印,經火燒硬而成泥活字,並用它們在兩塊鐵板上交替排版和印刷。沈括稱此法「若印數十百千本,則極為神速」。

清道光十年蘇州李瑤居杭州時僱工十餘人，「仿宋膠泥版印法」，印成《南疆繹史勘本》。道光二十四年安徽涇縣塾師翟金生自造泥字十萬餘，分大、中、小、次小、最小五種字體，印成自著詩集，名《**泥版試印初編**》，字皆宋體，印刷清楚。

◎ 創製木活字

元代初期農學家**王禎**，於大德二年（1298 年）創製木活字三萬多

《泥版試印初編》

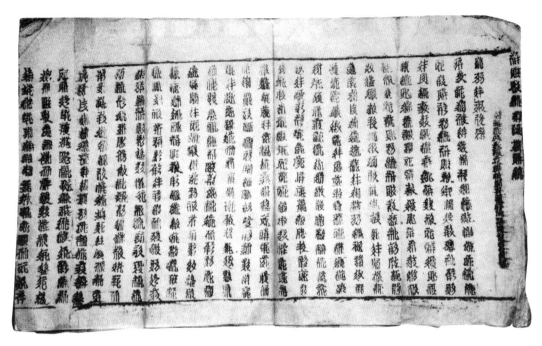

《維摩詰所說經》

個，並成功試印自己纂修的《大德旌德縣志》，這是中國第一部木活字本方志。他請工匠製木活字，制訂取字排版印刷方法，印刷了《大德旌德縣志》，並把整套經驗撰成《造活字印書法》，附於《農書》卷後出版。其方法是用紙寫字樣貼在木板上，照樣刻好字後，鋸成單字，再用刀修齊，統一大小高低。然後排字作行，行間隔以竹片，排滿一版框，用小竹片等填平塞緊後塗墨鋪紙，以棕刷順界行直刷。同時，他還創製**轉輪排字架**，按韻存置木字，推動轉輪，以字就人，便於取字還字。

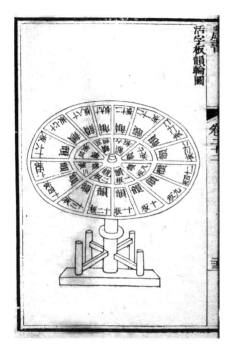

轉輪排字架
取自《農書・造活字印書法》

　　敦煌千佛洞曾發現元代回鶻文木活字，由硬木製成。至明代萬曆年間木活字較流行，有的藩王府、書院和私人多用於印書。崇禎十一年啟用木字印「**邸報**」，沿用至清末。

　　清乾隆三十九年由管理武英殿刻書事務的四庫館副總裁金簡主持，統計《佩文詩韻》，得單字六千數百，依韻目分貯於八層抽屜的木櫃中，刻成大小棗木活字約二十五萬個，印成 **《武英殿聚珍版叢書》**。乾隆以「活字版」之名不雅，改稱「聚珍版」。金簡著有《武英殿聚珍版程式》一書，記述印造經過，內容詳備。以後各地仿效，有十四

《武英殿聚珍版程式》書影

個省用木活字印書，以詩文集居多。其他如紹興府、常州府、徽州府等地的幾千種家譜，十之七八為木活字本。木活字印刷術在中國古代盛行，僅次於雕版印刷，並有「**子板**」「**合字板**」等名稱。

　　活字版雕刻雖然省力省時，但八百年間未被積極提倡發展，除政治、經濟等原因外，也有本身技術上的缺陷。一般私人或書坊限於資本，所備活字不過數萬，因受字數限制，不得不採取一面排印一面拆版再排的辦法，同一副活字大小高低不能整齊劃一，墊版凹凸不平，字體歪斜，墨色濃淡不勻，又因校對不仔細誤字較多，因此活字印本

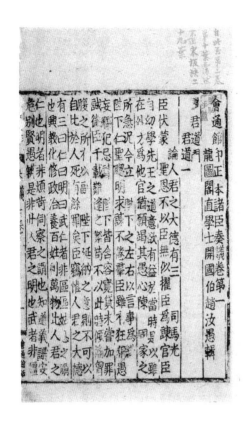

《會通館印正宋諸臣奏議》

不受人重視。有人以為活字本只不過是權宜之計，只有雕成整版，才算是正式出版物。且因舊無紙型，一書若要重印，必須重新排版，反不如雕版可以再三印刷來得經濟方便。

◎ 銅活字

銅活字以銅鑄成，用於排版印刷的反文單字。中國銅活字流行於 15 世紀末至 16 世紀的南方。最早的有明代弘治三年（1490 年）江蘇

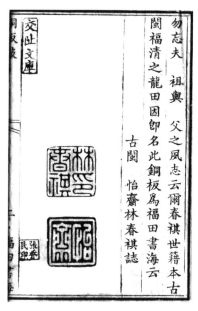

「福田書海」本書影

　　無錫**華燧**以銅活字印成**《會通館印正宋諸臣奏議》**五十冊。後又印《錦繡萬花谷》《百川學海》等大書。其中在弘治十三年（1500 年）以前出版的八種書籍，相當於歐洲的搖籃本，彌足珍貴。

　　華燧的叔伯華珵所製「活版甚精密」，幾天即能出書，印有《陸放翁集》。華燧姪華堅的蘭雪堂印有漢代蔡邕，唐代白居易、元稹的詩文集。同縣人富豪安國「鑄活字銅板，印諸祕書」，其中正德《東光縣志》是中國唯一的銅活字本方志。

　　清代康熙末年內府製造百萬銅活字，印了《欽若曆書》《數理精蘊》《律呂正義》等天文、數學書籍。雍正六年用大、小兩號銅字，印成陳夢雷《古今圖書集成》一萬卷、六十四部，每部五千多冊。民

間銅版有江蘇吹藜閣印本，比內府銅字更早。造銅字最多的要算福州林春祺，他化銀二十多萬兩，僱工刻成大小銅字四十多萬個，楷法精美，印有清代顧炎武《音論》《詩本音》和《四書便蒙》，稱「福田書海」。

◎ 錫活字

錫活字以錫鑄成，用於排版印刷的反文單字。元初王禎在《農書‧造活字印書法》中記載：「近世又鑄錫作字，以鐵條貫之，作行，嵌於盔內，界行印書」，但錫字「難於使墨，率多印壞，所以不能久行」。此為錫活字見於歷史文獻的最早記錄。至明代中期，著名出版家華燧又「範銅板錫字」，說明他除造銅字外，也造過錫字，但缺乏詳細記載。此外，明代初期還有用錫版印刷或偽造紙幣的記述，也是錫被用作印版材料的輔證。

清代廣東佛山鎮盛行彩票賭博。據載，一名鄧姓印工兼書商為印「闈姓票」「白鴿票」兩種彩票，於道光三十年開始鑄造錫活字，花資一萬元以上，先後造成活字三副：一為扁體楷字，餘為長體大字和小字，共二十多萬個。咸豐元年並印成元代馬端臨《文獻通考》一百二十大冊。據稱字大悅目，紙張潔白，墨色鮮明。

第 3 章

器具、冶煉技術的發明

發明 12

青銅冶鑄術

　　已知最早的銅製品在伊朗發現，最早合金化的錫青銅，最早始於西亞烏爾王朝(約公元前2800年)和中國甘肅東鄉林家馬家窯文化(公元前2780年)。中國已知最早的冶銅遺物，大體都在仰韶文化期間。

◎ 銅礦遺址的分佈

中國銅礦資源分佈，主要在長江中下游銅礦帶、川滇銅礦區、中條山銅礦區、甘肅白銀銅礦區等。長江中下游的湖北黃石鐵山、大冶、陽新有百餘處銅礦遺址，在新石器時代晚期至戰國時期。其中規模最大的銅綠山銅礦遺址，至遲於商代中期已經開發並延續到漢代。

◎ 露天採礦

早期採礦都是由淺入深，先是露天採礦，然後進行地下採礦。上述銅礦遺址，大都發現有露天採礦的遺存。長江中下游的銅礦山，多為軟岩地質，露天採礦形成了兩種形式：山坡露天採場和凹陷露天採場。如果銅礦的岩層堅硬，便需要露天採礦與地下採礦聯合開拓，露天礦場多為溝槽，而底部往往挖掘巷道或硐穴。

◎ 地下開拓技術

考古發現，商代中期的地下開拓方法有兩種：一是單一開拓法，或豎井，或斜井，或平巷；二是聯合開拓法，用兩種或兩種以上的方式開拓，例如豎井→平巷→盲豎井、豎井→斜巷→平巷。已知商代的開拓深度為 10 餘米，平巷最長者 10 餘米。

春秋戰國時期，地下聯合開拓的深度、廣度及井巷斷面尺寸都有

戰國時期銅綠山井巷聯合開拓

商代銅嶺豎井支護

新突破。銅綠山古銅礦遺址，戰國時期井巷聯合開拓相當完整，在 100 平方米的範圍內，有五個豎井、十一條平 (斜) 巷。

◎ 井巷支護技術

　　長江中下游銅礦，地質鬆軟，固然有利鑿岩掘進，但卻面對地壓管理的困難，於是發明了木架支護井巷技術，支護方法不斷創新。

　　支護木架是地下結構物，利用木、竹、荊笆等材料，沿井巷四壁構築成支架和背板。構件在地面預先製作，然後於井下邊掘進邊裝配，這不僅利於施工，更節省作業時間。礦的本字是「卝」，兩橫表示井口地表，兩豎表示豎井的井筒及木支護背板，背板高出井口地表以防流水和落石。

　　自商代中期至西周時期，井巷支護形式不斷改進，結構更簡單，支護更牢固。構件規格統一。這時期的支護木加工場，在銅嶺和銅綠

山均有發現，遺存有砍木墩、銅斧、木屑、砍渣堆積等。

到了春秋時期，礦山開採規模相當宏大。春秋早中期，銅綠山的豎井支護結構與西周相近，但有不少改進，多採用竹索吊框結構。井框外側常用草莖和青膏泥塗抹，有的還圍以竹編織物，形成封閉的井筒，既可防止井壁塌落，又利於空氣流通。豎井底部常設有馬頭門與平巷相通。

春秋晚期至戰國，創造了鴨嘴親口排架式支護平巷或斜巷。銅綠山戰國時期的採礦遺址，井巷內出土鐵、木、藤、竹、陶製器物七十餘件，鐵工具有斧、鑽、錘、耙、六角形鐵鋤和「凹」字形鐵鋍等，採掘工具完備，井巷的寬闊也前所未有。

銅綠山戰國時期採礦工具

◎ 地下採礦方法

　　商周時期，已經設置專為行人、通風、排水的巷道，而地下採礦方法有多種。方框支柱法，用木框組成長方體以充塞空間，隨着回採的推進而架設。視乎富礦走向，或垂直下掘竪井，或在井底開挖平巷或斜巷。從銅嶺和銅綠山遺址來看，此法在西周已形成，適宜在土狀圍岩中開採散粒狀的孔雀石。

　　水平分層棚子支柱充填法。用兩條以上的平巷水平分層，自下而上開採，上層廢石或局部或全部充填到下層。西周時期，此法見於銅綠山及陽新港下。戰國時期，此法在銅綠山已頗具規模。

　　橫撐支架開採法。其特點是上向式回採，最終形成的採場像一個硐穴，圍岩較堅硬。此法見於銅綠山春秋中晚期遺址。

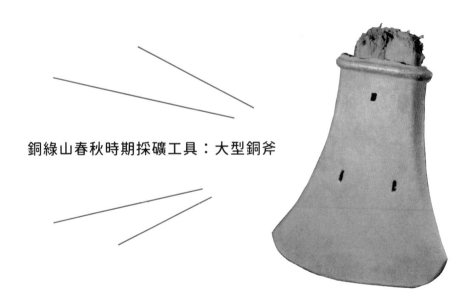

銅綠山春秋時期採礦工具：大型銅斧

護壁小空場法。用於開採呈水平狀的礦脈。銅綠山仙人座古採區，兩個同類採場均在巷道一側。採空區為破碎帶，圍岩鬆軟且含水，故用木板和圓木作成護壁。

◎ 採礦裝載工具

大冶銅綠山、石頭嘴、銅山口等銅礦遺址，均有採掘作業用的青銅工具出土。商代有銬、鑿、斤。西周又增加了鋤、钁和斧。銅綠山在春秋巷道出土了十二件銅斧。該時期工具的種類及重量，都比西周時期明顯增加。

早期的採掘工具還沒有完全廢除石器及木器，如石錘、木銬、木槌、木撬棍等，鏟礦採用木製的鍬、鏟、鍬、撮瓢。木製工具取材方便、

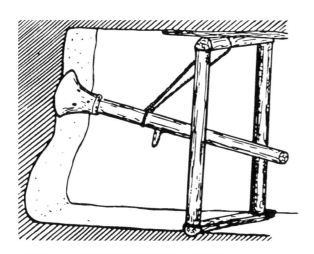

銅綠山大型青銅斧使用示意圖

製作簡單、質輕價廉，適宜於礦粒及廢石的鏟裝。

　　已知最早用於銅礦採掘的鐵工具是銅綠山春秋中期的鐵錛。戰國時期，採礦作業已全部使用鐵工具，有斧、錘、耙、鋤、鑿、鑽等。商代至戰國，南方盛裝礦石的容器多為竹製的筐、簍等，竹料就地取材，使用方便。

◎ 排水、通風、照明技術

　　井下防水、排水是攸關礦山安全的大事。商代中期的排水工具有木槽、木桶、竹筒等。井下排水因地制宜，或直接從平巷排出山坡，或將井底 (水倉) 的水用木桶盛裝排出井口。南方雨量充沛，湖泊眾多，地表水和地下水危害採礦安全。

　　西周時期隨着開採深度增加，地面防水和地下排水系統已相當完備。地面措施包括：一是井筒支護木高出井口，並以青膏泥密封口沿，有的井上架有雨棚；二是挖水溝，架木槽疏水、引水。

　　井下措施包括：一是設置專門的排水巷道、水倉。排水巷道有木板拼合式、板壁式、棍壁式。後者用木棍密排於巷底和巷幫，再鋪墊青膏泥形成溝槽。水槽經過採場時，槽面加蓋板，成為暗槽。二是將廢棄或臨時不用的巷道，設置閘牆截水。

　　自西周始，地下開採愈來愈深，水倉位於不同的段落，需要分段排水，接力提升，最後提出地面。

　　商代井巷不深，礦井通風主要依靠自然風流。西周開採深度已超

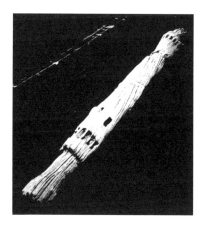

銅綠山戰國時期木絞軸　　　商代銅嶺木滑車

過 50 米，需人工製造溫差產生風壓，促使井巷空氣對流。銅綠山及銅嶺遺址的井底或巷內，見有竹材燃燒的遺跡。有些巷道還用土石封堵形成風障牆，以控制風流方向。井下照明採用竹製火把，還有竹筒火把裝置和油脂。

◎ 礦山提運術

利用簡單機械裝置升降和運輸物料，早在商代中期礦井已經出現。銅嶺遺址出土有木滑車。滑車兩側各有與軸孔相通的徑向孔，用來注入油脂以減少摩擦。軸孔中間部位直徑大，直徑較小的兩端形成滑動軸承，減少了軸承與軸的摩擦面及摩擦力。

根據遺跡分析，滑車架在井口上部，其上有工棚。銅綠山商代平巷與盲豎井交接處有木製轉向滑柱，作用與定滑輪相同。多個豎井有木製或竹製的扶梯，供工匠上落。

春秋戰國，礦山提運技術有長足的發展。銅嶺出土木滑車多件，有的滑車是在露天槽坑與平巷的轉彎處發現，該處安裝滑車可改變載礦筐的方向，便於出礦。銅綠山及紅衛銅礦遺址出土戰國大型木絞車軸，上裝扳動木條和棘輪剎車裝置。銅綠山絞車發現於井下60餘米處，用於分級升降。

◎ 煉銅技術的發展

冶銅技術的萌芽與製陶關係密切。距今六千多年的仰韶文化半坡類型，陶器燒成溫度已達 $950°C$ 至 $1050°C$，實際的窯溫可能更高，具備了煉銅所需的高溫。

自然界含銅礦物多達二百四十餘種，但有工業價值的只有自然銅、硫化銅礦和氧化銅礦。先秦時期，只能憑礦物的外觀特徵、個人的識別經驗來選擇礦物。

約六千年前，陝西姜寨仰韶文化晚期已有黃銅片、管，冶煉溫度在 $950°C$ 至 $1200°C$。距今四千年左右，長江中下游銅礦帶的開發已初具規模。現今的黃石地區便有先秦煉銅遺存近百處，年代上限多數到新石器時代。

至遲到西周晚期，開始使用鼓風煉銅豎爐。銅綠山遺址共出土十

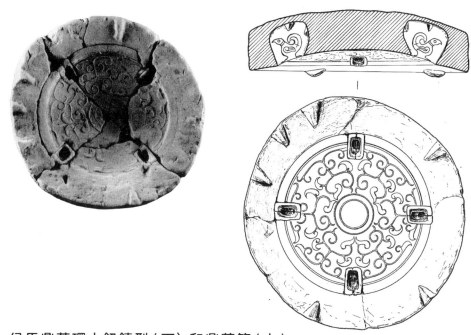

侯馬鼎蓋環立鈕鑄型（下）和鼎蓋範（上）

鼎蓋上的環鈕由活塊模翻製成活塊鑄型，再將活塊鑄型
嵌入蓋鑄型澆注成形。

座西周晚期煉爐，均由爐基、爐缸、爐身三部分組成。出土時，爐身已倒塌。豎爐周圍還有工作台、碎料台、篩分場、泥地、渣坑等成套的輔助設施。

◎ 塊範法

塊範法，是青銅器鑄造方法之一，在商周時代廣泛採用。專為鑄造的物件所製成的模型，稱作模或母範，原料可選用泥、木、竹、骨、石等。

從已出土的遺址可知，自然銅的加工、人工煉銅和青銅，都發明於近東（即地中海東部沿岸）地區，在銅石並用時代，已有鍛造和鑄造銅器的工藝。在鑄造的銅器中，很多以石範和失蠟法成形，也兼用泥範塊範法。

中國冶銅術如何發生尚不清楚，但在新石器時代已開始，銅石並用時代更有所發展。在二里頭文化時期出現突破，青銅禮器的生產，標誌着中國文明進入青銅時代。

二里頭遺址的鑄銅作坊，出土不少鑄銅遺物，包括泥範、熔爐碎片、熔渣和木炭等。其中泥範數量較多，大多是鑄器使用過的範。晚期的泥範已有紋飾，在範面直接刻畫而成。泥範由細泥製作，主要成分是石英，其次為長石和雲母，可耐 1050°C 以上的高溫。二里頭文化具有代表性的青銅容器，造型已相當複雜，都是以塊範法渾鑄成形，壁薄且均勻。

　　活塊模範是將鑄件模型分塊製作，或以活塊模範與其他範、芯組合成鑄型的工藝。這一工藝發明於何時還不確知，不過，早於二里頭文化時期應已應用到活塊模範技術。

發明 13

鋼鐵冶煉技術

　　鐵礦藏分佈甚廣，蘊藏量在各種金屬中僅次於鋁。純鐵柔軟，生鐵脆硬，經過滲碳、脫碳可使鐵變成鋼或可鍛鑄鐵，強度和韌性也遠勝青銅。鐵能用作各類工具、兵刃、構件和日用器具，在古代，其他金屬和非金屬材料不能比擬。唯有鐵才能取代石器和青銅器。

◎ 冶鐵技術的源流

人類最先使用的是隕鐵，然後才有冶鐵術的發明。已知中國最早的隕鐵器件是河北藁城和北京平谷出土的銅鉞鐵刃，年代為商代中晚期。唐樊綽《蠻書》和段成式《酉陽雜俎》記載南詔國的「天降鐸鞘」和「毒槊」，也由隕鐵製成。

最早發明冶鐵術的是居於小亞細亞的西台人，約在公元前 2000年，使用的是塊煉法。之後，傳到歐洲、北非等地。中國最初使用的人工鐵製品也是來自塊煉法，但生鐵冶鑄技術發明後隨即佔據了主流地位。春秋戰國之交，開始進入鐵器時代。重大的突破出現於戰國中期，迄今出土的戰國中晚期鐵器中，種類齊全，農具、工具、容器多為鑄製，兵器多為鍛製，也有少數鑄件。鑄製是將溶解的鐵漿灌入模具成型，鍛鐵是將燒紅的鐵打造成所要的形狀。

《管子・海王》稱：**「一女必有一針一刀」「耕者必有一耒一耜一銚」「行服連軺輂者必有一斤一鋸一錐一鑿」**，正是該時期鐵器大行於世的真實寫照，尤以農具製作最為突出。

早在春秋時期，管仲即在齊國實施「官山海」，亦即鹽鐵官營的政策。秦國在南陽設郡建鐵官。漢承秦制，全國設鐵官四十九處。始於西漢中期的炒鐵技術，因其操作簡便、生產率高，能為社會提供大量質優價廉的製鋼原料，百煉鋼亦隨之勃興。

魏晉南北朝是製鋼術大發展的時期。王粲《刀銘》稱「灌辟以數」，以生、熟鐵合煉成鋼的技術在東漢末年已具雛形。唐代後期，南方的鐵產量已超過北方。鍛鐵農具取代鑄鐵農具。唐宋農業生產遠勝前代，

對農具製作的轉變起了重要作用。

◎ 冶鐵和冶鋼

在古代，將鐵礦物還原為鐵，常用的有兩種方法。一是低溫固態還原法。在碗式爐或較低矮的豎爐內，用木柴或木炭作燃料和還原劑，在較低溫度下 (約 1000°C) 使氧化鐵還原成酥鬆的海綿鐵，再經鍛打、擠渣成為熟鐵。鋼由塊煉鐵經反覆鍛打和滲碳製成。

另一種是高溫液態還原法。在高大的豎爐內，用木炭或木柴、煤炭作燃料和還原劑，以高溫將氧化鐵還原並增碳成為液態生鐵，再從爐中放出，鑄成錠塊或澆鑄成器。鋼可由生鐵經脫碳熱處理獲得，也可將生鐵炒成熟鐵再與生鐵合煉成鋼。

◎ 生鐵與熟鐵的分別

生鐵也稱鑄鐵，由生鐵重新熔煉而成。熟鐵又稱鍛鐵、純鐵，用生鐵精煉而成。生鐵與熟鐵另一不同之處，是生鐵較脆，熟鐵韌性較

玉柄鐵劍
出自河南三門峽虢國墓地，西周晚期

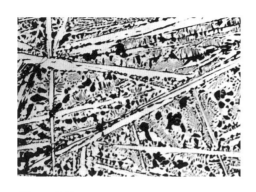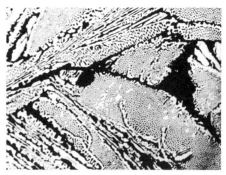

鐵器殘片
出自河南三門峽虢國墓地，春秋中期。殘片的金相組織（左），過共晶白口鐵（右）。

強。生鐵一般是澆鑄而成，以前常用的鐵鍋、火爐等，都是生鐵所製。熟鐵含雜質較少，由於有很好的韌性，經得起千錘百煉，可以鍛打成各種形狀如鐵勺、鐵鏟等。

◎ 冶鐵技術的發展

已知中國最早的人工冶鐵製品，是河南三門峽虢國墓地所出的玉柄鐵劍、銅骹鐵葉矛和銅內鐵援戈，分別屬塊煉鐵和塊煉滲碳鋼材質，年代為西周晚期；已知最早的生鐵製品是山西天馬曲村出土的兩件鐵器殘片。目前已發現最早的冶煉生鐵的豎爐位於河南西平縣酒店鄉，為戰國後期的遺存。

西漢為增加鐵的產量，曾建造大型橢圓形豎爐，如鄭州古滎冶鐵爐的爐缸內徑達 2.3 至 3.1 米，爐容在 20 立方米以上。漢代及稍後時期仍採用爐高 35 米，內徑 1.5 至 2 米的中小型圓形豎爐。

　　宋遼時期是豎爐冶煉的又一高峯，爐體用石塊砌築，爐型曲線更加分明，爐容增大。河北武安礦山村北宋豎爐高達 6.4 米，為現存最高的中國古代豎爐。

　　明清冶鐵業的規模續有增長，大型豎爐高 6 至 10 米，日產鐵 20 噸。雲南羅次的傳統冶鐵爐，其外形呈方錐形，總高 6 米，爐腹直徑 2 米。每四小時出一次鐵，出鐵量為 200 至 300 千克，年產量為 400

雲南羅次豎爐

至 600 噸。可傾倒的小型竪爐所在多有，俗稱「**攪爐**」或「**犁爐**」。至遲從明末起，山西陽城即用犁爐冶煉生鐵，所出原鐵水直接在鐵範中鑄成犁鏡（即犁上鋼鐵製的一塊彎板狀零件）。

為使渣鐵液化和進行連續生產，必須強力鼓風，爐腹溫度要保持在 1200°C 至 1400°C。漢代以水力和畜力驅動水排和馬排（鼓風裝置），可大幅度提高風壓、風量，增加爐容和產量，節省民力，降低成本。

活塞式木質鼓風器效率更高，也更堅固，風壓更高，風量更大。始用於唐代的**木扇**是最早的此類鼓風器，其形制首見於北宋《武經總要》，元代陳椿《熬波圖》、王禎《農書》也續有著錄。

肇自宋代的雙作用活塞式風箱，是鼓風裝置的重大改進。它的特點是在推拉過程中可連續供風，工作效率因之大為提高。這種風箱有方形和筒形兩類。筒形結構可承受更大壓強，除兩端接口處外沒有其他縫隙，氣密度好，冶金場所多使用這類風箱。

古代竪爐多用木炭作燃料和還原劑，故有「黑山」和「紅山」之稱。宋代採煤、用煤甚盛，也意識到用煤煉鐵有助保護森林資源、緩解燃

滕縣宏道院東漢畫像石的冶鐵場景圖

料匱缺。焦炭至遲在明代已用於煉鐵。焦煤不易壞、熱度高，是豎爐煉鐵的上佳燃料。

　　坩堝煉鐵是高溫液態還原法的又一形式，屬中國獨創，清代流行於山西、河南、河北、山東、遼寧等省，尤以太行山區晉城一代為盛。爐呈方形，坩堝高約 30 厘米，內盛富鐵礦、無煙煤和黑土（劣質粉煤，用作熔劑），每爐可置放上百個坩堝，以無煙煤為燃料。爐溫高達 1450°C，鼓風約一晝夜成鐵。

◎ 鐵範鑄造

　　早期鑄鐵多用泥範，用鐵範成批鑄造鐵器是戰國時期冶鐵術的重

製作鐵範
引自《四庫全書》

雙鐮範
河北興隆出土，戰國

大創新，代表作是河北興隆鐵範，有斧、錛、鋤、雙鑿、雙鐮和車具等，為燕國官營冶坊「左廩」所鑄。河北磁縣、石家莊及江西新建也出有钁、斧範。

漢代和魏晉南北朝時期，鐵範品類和使用範圍不斷擴大，而兩者有相同之處，包括：範的輪廓與鑄件形狀相符，壁厚均勻，有利散熱和延長壽命；範背鑄有把手，既便於操作，亦可增加範的剛度，鐵芯工藝水平亦高。如澠池北魏鐵器窖藏有犁、雙柄犁、鏵、鋤、斧、鐮、鑷、錘、板材等。更重要的是鐵範材質的改進，興隆鐵範為過共晶白

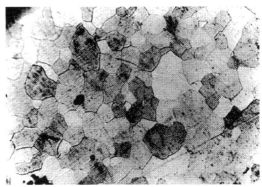

古滎漢代遺址所出板材（左）；顯微鏡下的金相組織（右）。

口鐵，西漢初期的萊蕪鐵範屬麻口鐵，而澠池鐵範已大都為性能更好的灰口鐵材質。

◎ 鑄鐵柔化

　　豎爐所生產的鐵在初期多為白口鐵，其中的碳以化合態（碳化鐵）存在，使鐵極為脆硬。若碳以石墨的形式析出，就能使白口鐵變為有韌性和強度的白心或黑心的可鍛鑄鐵。

　　早在戰國時期，在生鐵冶鑄術發明後不久，鑄師就採用柔化處理技術，獲得了白心和黑心的可鍛鑄鐵。河南洛陽、輝縣、南陽，湖南長沙，河北易縣、武安、石家莊，湖北黃石等地，都有這類鐵器出土，屬於戰國時期，尤以農具為多。

漢魏時期，鑄鐵柔化術持續改進，已較少出現脫碳不完全的白心可鍛鑄鐵，而且，更能獲得有球狀石墨的可鍛鑄鐵。

◎ 鑄鐵脫碳成鋼

成型的板狀、條狀鑄鐵件在經過脫碳處理後，便可得鋼，不析出或析出少量石墨。至遲在戰國初期，中國已發明了這種製鋼術。其熱處理工藝雖和白心可鍛鑄鐵的柔化處理相似，但加工的卻是板材或條材，而非成形鑄件；鋼材經過反覆鍛打，便可獲得優質的成形鋼件。

迄今所知最早的鑄造板材、條材的陶範，出自河南登封陽城戰國早期遺址。遺址所出鑄鐵件中，包括經脫碳處理過的熟鐵和低、中碳鋼。南陽、古滎所出成批板材、條材，鄭州東史馬出土的鐵剪，以及澠池窖藏出土的板材和鋼質農具與工具，都屬於此類鋼材。

◎ 炒鐵

中國早在西漢中期就發明了炒鐵術。古人根據鑄鐵柔化和脫碳成鋼的經驗，在高溫下炒煉生鐵料，使之氧化脫碳成為熟鐵。現已發現的最早的炒鐵爐，位於河南鞏義鐵生溝冶鑄遺址。

傳統的炒鐵爐有地爐、反射爐和生熟煉鐵爐三種。宋應星《天工開物·五金》便有生熟煉鐵爐的記載。

炒鐵術不僅提供了大量價廉易得的製鋼原料，亦促使灌鋼的發明。

《明會典》《武備志》《武編》《湧幢小品》《神器譜》《廣東新語》等古籍，都有生鐵炒製或煉製熟鐵的記載。

◎ 百煉鋼

在眾多鋼種中**百煉鋼**最為著名。百煉鋼在東漢已很成熟，之後為歷代沿用。《夢溪筆談》《本草綱目》《天工開物》《海國圖志》都有記載。《冊府元龜》所載五代荊南的「**九煉鋼**」，也屬於此類。

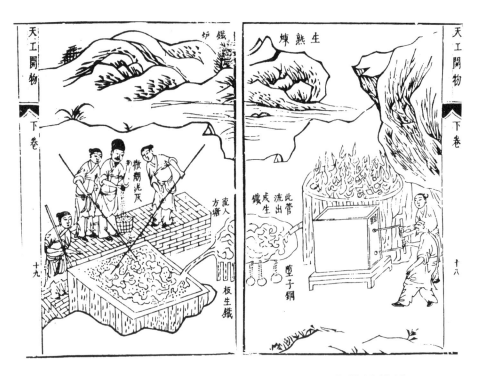

生熟煉鐵爐
引自《天工開物．五金》

◎ 灌鋼

　　生、熟鐵合煉成鋼的技術於東漢末年已具雛形。在宋代沈括的《夢溪筆談》中，首次出現「團鋼」「灌鋼」兩詞。明代唐順之的《武編》已記載改用生、熟鐵片合煉，《天工開物》和《物理小識》亦有類似記載，亦即清代至近代仍盛行於蘇、皖、鄂、湘、川、閩等地的「抹鋼」和「蘇鋼」。

發明 14

髹飾

　　「髹飾」一詞，最早見之於《周禮》。「髹」指拿刷子蘸漆塗刷器物；「飾」，指裝飾。也就是說，「髹飾」古代專指用天然漆塗飾器物，今人稱其「漆藝」。

◎ 漆的起源

　　早在上萬年前，古人已發現漆樹液有很強的黏性，可以為木製器具、生產工具等黏連加固，塗刷在木器或陶器之上，便留下一層緻密防水、堅固耐磨而有光亮的保護膜，木器和陶器不再滲漏，延長了器具的使用壽命。天然漆的黏連、保護和美化作用，使「漆」成為先民重要的生存原料之一。

　　最初使用天然漆時，是用漆樹液，即天然生漆，直接塗刷於器物。天然生漆呈紅棕色相，乾固以後轉黑。浙江蕭山跨湖橋新石器時代遺址，出土距今約八千年的桑木漆弓，殘長達 121 厘米。

◎ 採集漆樹液

　　古人何時開始人工種植漆樹並且採集漆樹液，我們不得而知。不過《山海經》中已經多次提到漆樹。關於割漆的最早記載，見於東晉崔豹《古今注》：選擇樹幹下部，先淺鑿割口以放水，隨即鑿深並向割口插入蚌殼或竹筒，漆液便滴入蚌殼或竹筒內，滴滿再傾入漆桶。

　　每年割漆期從八月至九月，不超過一百四十天。因為拂曉漆流量最大，高溫大霧天氣，漆樹汁液最為豐富，所以，漆農往往半夜進山，拂曉開始割漆。

　　天然漆成分包括：漆酶、漆酚、樹膠、糖蛋白、水。漆酶可使天然漆成膜乾燥，其含量愈高，漆的品質愈好。初次接觸大漆（天然漆）的人，往往皮膚紅腫，奇癢難忍，俗稱**「害漆瘡」**。

新石器時代早期漆木弓

◎ 新石器時代的漆器

　　中國漆器初為**木胎**和**陶胎**，主要為木胎。距今七千年左右的河姆渡文化遺址出土漆木碗、纏竹篾朱漆木桶、漆繪木胎蝶形器、黑漆木筒等；江蘇良渚文化遺址出土的漆器，用彩繪、鑲嵌工藝裝飾；江蘇吳江良渚文化遺址出土漆繪黑陶杯。可見早在新石器時代，人們已經用生漆髹塗木器，髹整陶器，以防滲漏，便於清洗並且延長木器與陶器的壽命。

◎ 由祭器到生活用具

　　降至夏商周三代，髹飾工藝被用於製作祭器。戰國至秦漢，社會風尚從西周製器重「禮」轉為製器重「用」，用木、皮、竹、藤、麻布等材料為胎骨的漆器，以輕便、美觀、耐用、抗腐蝕等優點，成為貴族生活用具的主角。各地出土的漆木器，各式各樣，舉凡傢具、炊

器、食器等生活用具，兵器，樂器，文具玩具，喪葬用具，交通工具，莫不盡有。

隨縣戰國曾侯乙墓出土樂器八種，其中大多是漆木製造。《漢書》記載成帝時昭陽宮「中庭彤朱，而殿上髹漆」，可見髹飾工藝漢代便已經用於木構建築。

◎ 高級漆器

漢代時，由**工官即官營工場製造高級漆器**。貴州清鎮平壩出土的西漢漆耳杯上針刻銘文，詳細記錄了製造工官漆器的嚴密分工：素工，負責製造木胎；髹工，負責髹塗底胎；銅耳黃塗工，為銅耳鎦金；上工，負責髹塗面漆；涑工，管理蔭室（即照不到陽光陰乾漆器的房間）；畫工，描繪紋飾；清工，負責最後的清理；造工，負責檢驗。整個工

漢銀扣貼金銀片彩繪套裝漆奩
揚州胡場漢墓出土

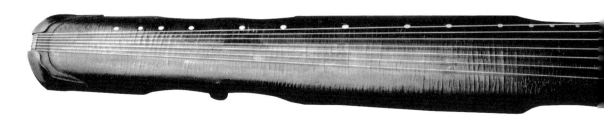

唐代落霞式彩鳳鳴歧琴

序有護工卒史、守長、丞、掾、守令史等各級官吏監督。由於大漆精製技術尚未發明，漢代漆器大多以天然漆摻入乾性植物油髹飾。摻油可以使生漆稀釋，髹塗以後，便於流平並且增進光澤。

　　隨着技術發展，要求器皿有平滑緻密的漆面，於是古人發明了生漆精製加工的技術。東晉時，大漆精製技術成熟，研磨推光工藝初興，而推光漆髹塗從此成為應用最廣的髹飾工藝。

◎ 填嵌工藝

　　唐代誕生了一門嶄新的髹飾工藝「填嵌」，而顯磨推光工藝是填嵌類髹飾工藝的必備條件。**唐琴髹飾**為世人所重，因為唐人將鹿角鍛燒成塊、粉碎成灰、拌入灰漆髹塗，乾固後，再磨顯推光。漆與灰黏合，琴音亦佳，而在推光後，便呈黃褐色暈斑或閃爍的色點。除鹿角灰外，唐琴還在漆灰中雜以金屑、銅屑、瓷器屑再磨顯推光。

　　唐代**金銀平脫漆器**臻於極境。以填嵌為主要工藝的螺鈿平脫工藝

宋剔紅牡丹唐草紋盞托盤

北宋嵌螺鈿黑漆經匣

也成熟於唐代。浙江湖州飛英塔內發現五代嵌螺鈿黑漆經匣，底板外壁有朱漆書「吳越國順德王太后謹拾（施）寶裝經函肆隻……時辛亥廣順元年十月日題記」，是中國現存最早工藝成熟的螺鈿平脫漆器。

推光漆成膜脆硬，層層累積乾固以後，更堅硬如鐵。以煉熟的桐油入漆，可以大大降低推光漆膜的脆硬度，層層髹塗到一定厚度，就可以進行雕刻，這使南方六朝誕生了深雕雲紋的雕漆工藝**「剔犀」**。如今唐製雕漆無存，但日本東京松濤美術館陳列有北宋剔紅牡丹唐草

北宋隱起描金加識文描金舍利漆函（右圖）
漆函上菱花形開光內描金神仙行列（左圖）

紋盞托盤，牡丹唐草紋樣豐腴婉轉，可見唐代圖案遺風，剔刻極淺，花紋縫隙間土黃漆地上刻六瓣錦，淳和腴潤，美感沁人心脾，是存世宋剔中最接近唐風的作品。

◎ 民用漆器的發展

宋代，城市建設的興起使髹飾工藝走出宮廷豪門，成為民間和市場的器物常用工藝，民用漆器比較前代大為發展。江蘇淮安北宋墓、宜興和橋南宋墓出土大批民用**素髹漆器**，如花瓣形碗、盤、奩、盞托等，胎輕體薄，素髹一色，線型流暢，圓潤優雅。推光漆髹塗已經成為宋代民用漆器的最基本工藝，研磨推光工藝也已經相當精熟。

◎ 箔粉髹飾

一般而言，商代至漢代漆器上的金片稱為「金箔」，但嚴格說來，「飛金」才是真正意義上的金箔，其厚度僅有 0.12 微米。傳說金箔鍛製工藝為東晉葛洪始創，唐代佛像有用金箔裝鑾，金碧山水於唐代開派並於宋代盛行，漆器貼金、上金、泥金及描金、戧金、隱起描金等箔粉髹飾工藝都盛行於宋代，應是緣於金箔鍛製工藝的成熟。關於金箔鍛製工藝的文字記載，則以元末陶宗儀《輟耕錄》為最早，明代宋應星《天工開物·五金第十四》、清代迮朗《繪事瑣言》等記之甚詳。

箔粉描金工藝的真正成熟於唐宋。浙江瑞安縣慧光塔出土北宋慶

曆二年經函內外漆函與舍利漆函，舍利漆函壁上有神仙說法行列的描金圖畫，線紋纖細又一氣流瀉。經函內置檀木內函，赭漆地上通體描金。

清中期雕漆嵌玉山字大地屏等一套七件

◎ 對漆器的反思

明中後期，江南手工業、商業繁榮，鑒藏之風盛行，漆器從趨同走向求異，造型花樣翻新，裝飾百端奇巧。晚明，西方傳教士帶來西方切於實用的器具，士大夫開始反思以器用之學為末務的痼習，將關注的目光從「道」轉向了「器」。黃成著**《髹飾錄》**，王徵依傳教士鄧玉函口授著《遠西奇器圖說》，計成著《園冶》，宋應星著《天工開物》等，正是明中後期實學思潮與江南鑒藏之風的反響。浙江嘉興名漆工揚明為《髹飾錄》箋注，大大豐富了《髹飾錄》的內容。

清晚期揚州史公祠享堂刻灰撒螺鈿屑漆罩隔

《髹飾錄》內容包括：記錄製造漆器的材料、工具、設備；強調髹飾工序並列舉各類工藝可能產生的過失；記錄十四類漆器裝飾工藝；記錄漆器製胎工藝；記錄漆器的仿古、仿時與修復。

◎ 建築裝修上的雕鏤鑲嵌

清代乾隆年間，兩淮鹽政大量承製宮廷用漆傢具。漆屏風是揚州漆藝傢具的主要品種。揚州漆工將玉、瓷、竹、琺瑯彩、大理石等鑲嵌於**傢具屏聯**進貢宮廷。

乾隆又將紫禁城內寧壽宮萃賞樓、符望閣、倦勤齋等的裝修交由兩淮鹽政，在揚州製作雕鏤鑲嵌髹漆裝飾；不僅皇家將雕鏤鑲嵌類高級髹飾工藝用於建築裝修，民間廳堂裝修也用雕鏤鑲嵌類髹飾工藝進行裝飾。揚州豪門大宅及其園林也往往以各種雕鏤鑲嵌的罩隔隔斷室內空間。

◎ 薄料拍敷與厚髹填嵌

在宮廷漆器刻意求工、裝飾繁縟的同時，清代各地漆器作坊生產出大量質樸、以實用為主的器皿，各地形成了各具特色的髹飾工藝。其中，薄料拍敷與厚髹填嵌顯示了漆藝家的創造才能，與宮廷漆器、漆屏聯濫施雕鏤鑲嵌的奢靡之風形成對照。

晚清，工匠發明了薄料漆拍敷工藝。薄料漆拍敷大大節約了用漆，使漆器在朱、黑等傳統的暖色、低調色之外，出現了含金蘊銀的高明度色彩。從此，薄料漆拍敷工藝被廣泛用作福州漆器裝飾。

與「薄料拍敷」對應，福州漆工將在漆胎上用漆起花、填漆再全面髹漆、乾固以後磨顯出花紋的工藝統稱為「厚髹填嵌」，《髹飾錄》記為「磨顯填漆」。

發明 15

瓷器

　　陶器是使用土和火製造的器具。在製陶技術的基礎上，工匠研製出一種富有潛質的新工藝材料，從而燒製出成熟優美的瓷器。

◎ 早期的陶器製造

新石器時代的陶器，是當時人類定居生活最基本的用具，為農耕種植提供了儲存種子和糧食的容器。從出土的遺址證明，一萬多年之前人類已開始燒造陶器。例如桂林市廟岩遺址出土的陶片，製作時間便在公元前一萬三千年前後。

陶器的製造，首先從製陶原料開始。根據黏土的特質，選擇雜質少、可塑性強、容易燒結的黏土為原料。經淘洗除去粗砂粒和雜質，放置陳化，以便於成型。為防成型的坯體裂開，人們便摻入適量的細砂、炭粒及穀殼等。

陶器成型，最初多為小件簡單的樣式，便於在手中捏塑，多以半圓球形、圓球形或筒形為主。成型時，工匠通過捏塑或拍打，使坯體緻密，晾乾硬結後形態得以固定。

為使陶器表面緻密而光潔，在陶坯燒成之前半乾狀態時，用蚌殼或鵝卵石為工具，砑磨坯體表面，使其平整光亮，減少滲水，同時表

最古老的陶器
廣西桂林甑皮岩出土陶片復原

現手工製作的意趣。

最初燒陶是在地面露天堆燒，在地上鋪設木柴一類燃料，把晾乾的陶坯擺放其上，再整體覆蓋燃料，然後從臨接地面處點火燃燒，過程中可隨時添加柴草。這種方法易於掌握，但燒成溫度不高，受熱不均，會出現紅色、褐色、灰色或雜色陶器，不容易通體一色。平地堆燒還可在柴草燃料上用泥貼敷一層外殼，類似窯的雛形，在底部和頂部開洞，以便通氣排煙，這種燒成方法保溫較好，溫度有所提高。

新石器時代中期，燒陶已採用橫穴窯或豎穴窯。半坡仰韶文化的窯型，有橫穴窯和豎穴窯兩種，結構都比較簡單，選擇適宜的地形挖掘而成，窯室比較小，大致呈圓形，直徑 1 米左右。

燒窯是在窯底投放柴草為燃料，火焰由四周的火道進入窯室，沒有煙囪，溫度分佈比較均勻，燒成溫度也較裴李崗和磁山文化的紅陶稍高，可達 1000° C 上下。從新石器時代的穴式窯，演進到西周晚期，窯爐的改進，使燒成溫度從低於 1000° C，逐步提高超過 1300° C。

◎ 多種陶器的燒造

在不同地區、運用不同的原料和技術，可以燒造出多種類型的陶器，其中最典型的有紅陶、彩陶、黑陶、白陶、灰陶、印紋硬陶等幾種。這些不同類型的陶器，所用的原料成分、成型方法、燒成工藝等技術，都是陶瓷傳統工藝最基本的技術。

最原始的陶器燒造，從平地堆燒開始，不能控制溫度和氣氛，燒成的多為灰紅、灰褐等**雜色陶器**。

　　穴式窯發明之後，尚不能控制窯內氣氛，陶土中含有鐵的化合物，在氧化氣氛中呈現紅色，燒出的多為**紅陶**。紅陶有夾砂陶與泥質陶兩種，早期以夾砂紅陶為主，多用作炊器，泥質紅陶較為精緻，多為飲食用器。

　　彩陶在仰韶文化中最具代表性，大都在泥質紅陶的基礎上加彩而成。原料選擇和處理比較嚴格，成型製作具有很高的水平，用慢輪成型後，坯體修整和研光細緻，使造型達到圓整、光潔、流暢的效果。

　　黑陶是新石器時代晚期在黃河下游開始燒造的，利用當地沉積的泥質黏土為原料，可塑性高。黑陶不僅需要熟練的手工拉坯快輪成型技術，還需要掌握精湛的旋坯技術，才可製作出嚴整薄巧的陶坯，其中又以蛋殼黑陶最具難度。**蛋殼黑陶**表面烏黑光亮，胎壁薄如蛋殼，是在豎穴窯燒成的，溫度約為 1000° C，在燒成結束前，將潮濕的燃料投入窯中，利用煙熏進行滲碳，形成獨特的又黑又亮的效果。

龍山文化時期的黑陶罍

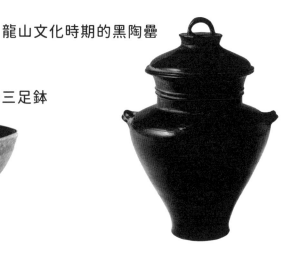

大地灣文化時期的雜色陶器三足鉢

　　白陶在新石器時代晚期才開始燒造，到商代比較發達，造型與裝飾精美，在黃河流域和長江流域都有發現。白陶胎體的原料中，因為氧化鐵含量較低，而氧化鋁含量卻較高，燒成後內外均呈白色。

　　瓷土和高嶺土是製瓷的原料，在高溫下可以燒造成瓷器。白陶最早利用瓷土或高嶺土製造，但是，燒成溫度在 1000°C 左右，未達到 1200°C 以上，不能燒結成為瓷器，仍然屬於陶器範疇。

　　灰陶，在新石器時代晚期的陶器中佔主要地位，歷經夏、商、周幾個時期，是當時生活中數量最多的器具，因而灰陶的燒造技藝也比較成熟。灰陶產品主要有炊器、飲器、食器和盛器等。裝飾以拍印、刻畫、黏貼等手法，表現線紋與幾何紋飾，樸實無華。

　　印紋陶，是指坯體成型時在表面拍印幾何花紋的陶器，由於原料和燒成溫度不同，分為印紋軟陶和印紋硬陶。印紋軟陶的原料是普通黏土，屬於易熔黏土，燒成溫度在 1000°C 以下。印紋硬陶使用的原料多為含雜質較多的瓷石類黏土，燒成溫度可以達到 1200°C。因為印紋硬陶燒成溫度較高，胎質較硬，成品開始接近瓷器。印紋硬陶出

商代白陶幾何紋瓿

周代灰陶渦紋雙耳壺

現的時間比印紋軟陶晚，大約在新石器時代晚期才有燒造，商、周是其發展的重要時期。

印紋硬陶的造型輪廓清晰、線角分明，胎體表裏顏色多為紫褐色、紅褐色、灰褐色和黃褐色。紫褐色印紋硬陶的燒成溫度最高，有的已達到燒結程度。

◎ 原始瓷器的出現

最早在商代中期已經燒造出**青釉器**，因為處於初始階段，所以稱為原始瓷器。最早，在河南鄭州二里崗商代文化遺址出土了青釉尊，之後在山東、江西、湖南、湖北、江蘇、浙江的遺址也相繼發現。青釉器是陶器向瓷器過渡的產物。從商代晚期，經過西周和東周，原始瓷器在南方和北方迅速發展，揭開了成熟瓷器的序幕。

原始瓷器曾稱為「釉陶」。從商代開始燒造原始瓷器，直到東漢晚期，才燒造出成熟的瓷器。

原始瓷器的工藝和裝飾方法，受到印紋硬陶影響，燒成溫度相差並不大，隨着工藝技術發展，燒成溫度達到 1200°C 以上。但是，對於成熟瓷器而言，燒成溫度仍偏低，胎體的原料沒有完全燒結，吸水率還較高，釉面尚不夠均勻，胎與釉結合也不夠緊密，所以稱為原始瓷或原始青瓷。

陶瓷器的燒造，原料和燒成溫度是重要因素，二者相輔相成，缺一不可。提高燒成溫度必須改進燒成方式和方法。商代時，南方已經利用斜坡建立小型的龍窯，同時還建造有煙囪的室形窯，燒成溫度達

到 1200°C，所以才會燒造出原始瓷器。

　　原始瓷器的胎體表面有一層玻璃釉，顏色有青灰、青黃、黃褐或黃灰，還有深醬色，都屬於原始的青釉。釉的發明，源於用樹木柴草一類植物燃料時，在燒成過程中，在胎體表面留下一層玻璃似的物質，工匠受此啟發，而用草木灰為原料配製而成。

◎ 瓷器進入成熟期

　　商代中期出現原始瓷器，經西周開始發展，到春秋戰國時期，進入早期青瓷的發展階段。東漢晚期，燒造的青釉瓷器品質優良，瓷器原料已有一定標準，胎質細膩呈淺灰色，胎壁厚度適中，釉面平滑光潔，胎釉結合緊密，釉色多為青綠色，也有青灰色、青黃色等多色調。成型工藝製作更加嚴格，造型規整，燒成技術顯著提高，從東漢晚期窯址出土的瓷片及瓷石可知，青釉瓷器已完全達到瓷器標準。

　　浙江是古代瓷器的主要發源地，初創於漢代，至宋代逐漸衰微，燒造瓷器的歷史達千年之久。在這裏，首先燒造出成熟的瓷器，以上虞、寧波、金華、德清等地發現的**東漢青瓷窯址**比較多，因地屬古越州，也統稱為**越窯**，因其製瓷的卓越成就而著名。

　　自漢代晚期，製瓷技術已趨成熟，歷經三國、兩晉、南北朝，三百多年的漫長時期，製瓷業發展和水平得到很大提高，技藝日臻成熟，創製出眾多優秀的產品。這一時期，瓷器的胎釉原料更加精細化，成瓷的燒結程度充分，胎體質地堅實緻密，釉色含蓄而豐富。產品的類型多樣，創製了許多新造型，如盤口壺、雞頭壺、蛙形水盂、獅形

三國青瓷盤口壺

辟邪等；用塑造的手法在器物上裝飾，風格典雅古樸，意趣盎然。

◎ 製瓷技藝的發展

　　東漢晚期，成熟瓷器燒造成功之後，製瓷技藝在發展中精益求精，產品成型製作規整，加工細緻嚴格；瓷胎細膩純淨，質地堅實緻密；釉色豐富而含蓄；造型樣式貼近生活需求，實用而美觀。燒造地區從浙江向外擴展，在江蘇、安徽、江西、湖南、四川、福建、廣東也都有青釉瓷器的燒造。

　　北方燒造青釉瓷器晚於南方。北方窯場在燒造青釉瓷器的基礎上，成功控制胎和釉中鐵的成分，在北朝時，燒造出早期的**白瓷**。雖然白瓷的顏色不同於青瓷，卻是在青瓷基礎上發展而成。青瓷和白瓷的根本區別，主要在於含鐵量的不同，除此之外，其他生產工序基本相同。

北朝青釉
蓮花尊

北朝白瓷綠彩長頸瓶

　　早期的白瓷，胎與釉都微呈乳白色，胎質更加細膩，釉層明澈，白中泛青，在較厚處則青色調顯著，反映出白瓷脫胎於青瓷的淵源關係。河南安陽北齊范粹墓出土了一批白釉瓷，它們的特點是胎較細白、釉呈乳白泛青色，厚釉處則呈青色，這是考古發掘中發現最早的白釉瓷。

　　白瓷從北朝開始燒造，到隋唐成熟。河北邢窯最初燒造青瓷，過渡到燒造白瓷之後，到唐代成為白瓷的主要產地，形成了陶瓷歷史上所謂的「**南青北白**」。唐代白瓷以河北的**邢窯**最為著名，從興起到發展，在以青釉瓷器為主的當時異軍突起，質地潔白而清麗素雅。

◎ 宋代五大名窯

宋代是青瓷發展的獨特時期，儒雅的社會文化氛圍，格調超然的審美追求，精湛純熟的技藝，創造了青瓷產品的歷史高峯。其中著名的**汝窯、官窯、鈞窯、龍泉窯**均屬宋代五大名窯之列，各具獨特風格，意蘊典雅，是青瓷藝術的高峯。

宋代白瓷以**定窯**最為著名，是五大名窯中唯一燒造白瓷的。定窯風格樣式獨特，造型與裝飾典雅精緻，製作技術純熟，揭開了北方瓷器發展的新篇章，也引發了南方白瓷的蓬勃成長。

◎ 景德鎮瓷器

南方白瓷，最具代表性的是始於五代時期的**景德鎮**青白瓷，瓷胎潔白，釉色白中泛青，進而發展為白瓷。景德鎮白瓷在此基礎上異軍突起，瓷器品類豐富多彩，技術與藝術成就卓然。

元代，景德鎮製瓷技藝日臻成熟，瓷器生產迅速發展，大量白瓷主要用於製作各種類型的飲食用器。同時，優質的白瓷也給彩繪藝術表現提供了新的載體，元代著名的**釉下彩繪**裝飾有青花與釉里紅，出現了許多優秀的作品。

◎ 德化白瓷

宋代是福建德化白瓷燒造的初創時期，明代，則是德化瓷器生產

明代德化窯白瓷達摩立像

元代景德鎮釉裏紅松竹
梅玉壺春瓶

發展的繁榮時期。福建擁有得天獨厚的製瓷原料，燒製的瓷器潔白素雅，質地純淨，如象牙，似白玉，形成獨具一格的德化白瓷特點，製作了大量實用瓷器和陳設瓷器。德化瓷塑藝術成就卓著，以線為主的表現手法，獨樹一幟，觀音像與達摩像最具代表性，塑造技藝精湛，充分發揮了瓷質的特點。

◎ 優秀的明清兩代瓷器

明清兩代，景德鎮成為瓷器生產的中心，傳統製瓷技藝更加規範，釉下彩繪裝飾發展的同時，釉上彩裝飾也在創新中得到豐富。明代的五彩裝飾顏色鮮明，感染力強；鬥彩裝飾色調豐富，變化自然。清代的古彩裝飾剛勁挺秀，形象抽象精煉；粉彩裝飾色彩柔和，描繪寫實；琺瑯彩裝飾富麗典雅，精緻入微。

宋代龍泉窯鬲式爐

元代景德鎮卵白釉盞托

◎ 瓷器貿易

從唐代開始，瓷器通過陸路和水路遠銷到朝鮮、日本、越南、馬來西亞、菲律賓、印度尼西亞、泰國、印度、伊朗、伊拉克、埃及和東非等國。瓷器銷往歐洲是從 16 世紀初由葡萄牙和西班牙商人轉銷開始的，繼而代之的，是 17 世紀至 18 世紀初由荷蘭壟斷者經營，之後是歐洲各國來華直接進行瓷器貿易，中國瓷器大量運往歐洲，貿易達到高峯。製瓷技術也隨之傳播到海外。

回到歷史現場

製瓷技術傳播海外

最早學習到製瓷技術的是亞洲國家。朝鮮在 10 世紀初開始設窰燒造瓷器。日本在 8 世紀引入中國的燒窰技術，13 世紀派匠師到福建學習製瓷技術，回國後到瀨戶燒造瓷器。

埃及在 12 世紀成功仿製出中國瓷器。

歐洲最早學會製瓷技術的是意大利，於 1470 年成功燒製出瓷器。

明代五彩魚藻紋蓋罐

清代琺瑯彩纏枝紋蒜頭瓶

第4章

算術、天文的發明

發明 16

十進位值制和籌算

　　十進位值制記數法，是目前最普遍的記數法之一。古人以此記數法解決諸多生活上的實用難題，實有助於算籌這種計算工具的便捷。算籌最遲在南宋演變為珠算，與珠算並用了二三百年之後，在明中葉才被珠算完全取代。

　　用算籌進行數學運算和演算，就是籌算。古時大都以算籌為計算工具，並以籌算取得不少數學上的成就。

◎ 甚麼是十進位值制？

「十進位值制」起源於中國。首先要說明，**「十進位值制」與「十進位」兩者並不等同**，不可以混淆。

顧名思義，「十進位」是以 10 為基礎的記數方式。在古代，如古埃及、古希臘、古印度等地方都發展出不同的「十進位」系統，例如古希臘「十進位」，1 至 9，10 至 90，100 至 900 各由不同的單字母代表，符號很多。

今天最常使用的記數方式是「十進位值制」，屬於「十進位」的一種。「十進位值制」使用不多於 10 個符號，就可代表一切數值。進一位表示 10 倍，進二位代表 100 倍，不論數值多大，依此類推。至於中國「零」「十」「百」「千」「萬」這套數字書寫系統，雖是「十進位」，但使用另一個符號表示進位，不是「十進位值制」。

◎ 中國數字的起源

在中國，相傳**隸首**是數字的發明者，處於新石器時代晚期。《周易・繫辭》說：「上古結繩而治，後世聖人易之以書契。」古人結繩作標記來處理事務，後來聖人發明契刻文字，改變了結繩的方式。雲南有些民族在 20 世紀 50 年代仍然使用結繩和刻木。

人類對「數」的認識經歷了漫長的過程。當一個數字，比如 2，既可以表示 2 個人，又可以表示 2 個蘋果，或者其他物件的時候，可以說人類初步把「數」視為一個抽象概念。

結繩記數

　　十進位值制記數法於何時完成已不可考。不過，《墨子‧經說下》已有講述，同一數字在不同的位置表示不同的數值：「一少於二，而多於五，說在建。」意思是說：「1」在個位上表示 1，故少於 2，而在十位上表示 10，則比 5 多。

　　另外，《墨子‧經說下》記錄：「五有一焉，一有五焉，十二焉。」意思是說：從個位看 1，5 中包含有 1，從十位看 1，1 中包含有 5，因為 10 有兩個 5。可見最晚在春秋時代，已出現十進位值制記數法。

◎ 古時的計算工具

　　算籌又稱為算（或筭）、籌、策、算子，一般用竹或木、象牙、骨製作，它是甚麼時候產生的不可考。不過在春秋末年以前，算籌已經是主要的計算工具。《老子》云：「善計，不用籌策。」

　　算籌出現的初期，截面是圓形的，後來變成方形，而且也由長變短。河北石家莊出土的東漢算籌截面已由圓變方，長 7.8 至 8.9 厘米。

甲骨文數字
殷商的甲骨文數字是現存最早的關於十進位值制記數法的資料

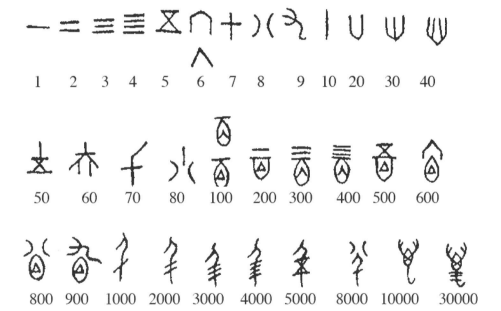

1	2	3	4	5	6	7	8	9	10	20	30	40

50	60	70	80	100	200	300	400	500	600

800	900	1000	2000	3000	4000	5000	8000	10000	30000

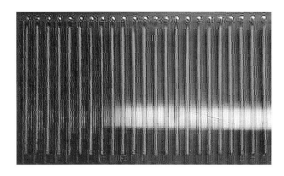

陝西旬陽縣出土的西漢算籌

《漢書·律曆志》記載：「其算法用竹，徑一分，長六寸。」截面徑相當於今天的 0.23 厘米，長 13.8 厘米。左圖的西漢算籌與《漢書》的記載基本一致。

西漢文景帝時期的墓中，出土的兩段籌上還發現有三塊紅色斑漆，推斷很可能用於正負數的計算。

◎ 算籌如何表示數字？

算籌記數，採用十進位值制記數法。目前，最早記載算籌具體表示法的是《孫子算經》，書中記載：「凡算之法，先識其位，一縱十橫，百立千僵，千十相望，百萬相當。」

以下是用算籌表示 1 至 9 九個自然數，分為縱式和橫式兩種：

數字	1	2	3	4	5	6	7	8	9
縱式	│	‖	‖‖	‖‖‖	‖‖‖‖	⊤	⊤‖	⊤‖‖	⊤‖‖‖
橫式	—	═	≡	≣	≣	⊥	⊥	⊥	⊥

從 1 至 5，一根算籌表示 1，兩根表示 2，如此類推；至於從 6 至 9，以 6 為例，置頂的一根算籌表示 5，因為 6 比 5 多 1，所以在下面放 1根，與表示 5 的一根垂直，如此類推。

算籌縱橫交錯擺放，用空位表示 0，可以表示任意的自然數，例如 597031，用算籌表示就是 ≡Ⅲ⊥ ≡∣。

◎ 「○」與「數碼字」

表示 0 的「○」於何時產生的，無確鑿資料可考。算籌數字用空位表示 0，容易引起誤會。古人常用方格「□」表示缺字，於是使用「□」表示 0。後來「□」逐漸演變成「○」。現存資料中，「○」的最早應用是在金朝《大明曆》中，有「四百○三」等數字。「○」甚麼時候引入籌算算草，則無可考。

唐中葉之後，開始用算籌的數碼字。現存使用這種符號的最早著作是敦煌卷子中的《立成算經》。為了書寫的方便，人們借用 5 的古字「╳」表示 5，借用 10 的漢字「十」表示 10。在創造「○」之後，便將 5 記成「○」上加一橫成為「ō」，或加一豎成為「ȯ」。大約考慮到「╳」有四個方向，便用它來記 4。順理成章，將 9 記成在「╳」上加一橫成為「⊼」，或加一豎成為「乂」。到南宋就逐步形成了一套新的記數符號：

縱式 ∣ ‖ ⫴ ╳ ō Ⅰ Ⅱ Ⅲ ⊼ ○

橫式 − ＝ ≡ ╳ ȯ ⊥ ⊥ ⊥ 乂 ○

隨着珠算的發明，已無縱橫的區別。這套記數法進一步發展，逐漸形成了一式的數碼：∣ ‖ ⫴ ╳ 㐅 ⊥ ⊥ ⊥ 㐅 ○

其中 5 和 9 從草寫演變而來，這就是沿用到 20 世紀上半葉的**蘇州碼子**。

◎ 分數、小數的算籌記法

　　用算籌還可以表示分數、小數和負數。分數作兩行佈算，上行記分子，下行記分母，比如分數 $\frac{34}{99}$ 就表示成 ≡∭ ，而帶分數作三行佈算，上行記整數部分，中行記分子，下行記分母，比如帶分數 $56\frac{16}{65}$ 就表示成 ≡⊤ 。

　　十進小數的記法各式各樣，例如在《孫子算經》卷下有記載：「三十七丁五分」，其中「五分」就是 0.5。

《夏侯陽算經》書影

十進小數的產生，很可能與非十進制單位的換算有關。在唐中葉之後，運算日益增多，並且要求運算效率，但是尺寸、斤兩等這些非十進制的運算卻不那麼方便，將其化成十進小數，成為迫切需要。《夏侯陽算經》卷下將「絹一千五百二十五匹三丈七尺五寸」化為「一五二五匹九三七五」，與現今十進小數的記法十分接近。宋元時期，十進小數更是大量使用。

◎ 乘除運算

九九乘法表在春秋時期已經廣泛流傳。現存古算書中，整數乘除法則最先出現在《孫子算經》卷上，至遲在春秋時代古人已嫻熟使用此法。

關於除法，在中國古代，被除數稱為「實」，這與重視應用有關。一般來說，被除數都是實實在在的東西，如糧食產量、布匹長短、面積、體積等，故稱為「實」。除數稱為「法」。「法」的本義是標準。除法實際上是用同一個標準分割某些東西，這個標準數量就是除數，故稱為「法」。

◎ 《九章算術》

《九章算術》是現存最早的中國古代數學著作之一，作者已不可考，成書於東漢。《九章算術》中提及的例子及算法很少有解釋和說明，因此不少人為其作注，並提出證明，例如三國時代的數學家**劉徽**，

便證明了《九章算術》中提到的圓面積公式，劉徽亦因此運用**割圓術**計算出**圓周率**。

　　關於分數四則運算法則，《九章算術》也有記載，包括分數約簡（約分）、加法（合分）、減法（減分）、比較大小（課分）、求平均值（平分）、乘法（乘法）、除法（經分）。《九章算術》中的例題都是用算籌和籌算來完成的。此外，也詳盡列出如開方術、正負術、方程術、損益術等的算法，而且，例題也會借助籌算完成。

回到歷史現場

蘇州碼子

蘇州碼子又稱花碼、草碼、商碼等。起源於蘇州，可以配合籌算、珠算使用，曾經在民間廣泛使用，尤其多使用於商業領域之中，現在幾近絕跡。但在香港一些傳統街市、舊式茶餐廳及中藥舖等地方，仍可偶而可見。

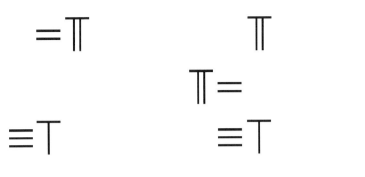

乘數在上，被乘數在下。被乘數的末位「6」與乘數的首位「2」對齊。

從左至右計算，2 乘 3 得 6（即 600），置於中行，2 乘 6 得 12（即 120），加到 600 上，得 720。去掉乘數首位 2，被乘數向右移一位。

「7」自左至右依次乘 36，先得 210，加到 720 上，得 930。再得 42，加到 930 上，得 972。把上下二數去掉，只剩 972，就是二數之積。

36x27 的算籌佈置圖

發明 17

珠算

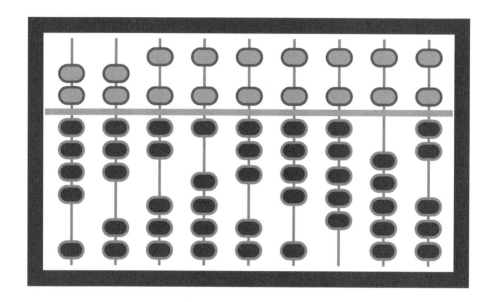

　　珠算以算盤為工具，運用口訣，手指撥動算珠進行加、減、乘、除和開方等運算。算盤以木製為多，也有用金屬、獸骨或象牙等材料製作。算盤在元代以後成為中國最主要的計算工具。

◎ 珠算的起源

珠算一詞首次出現於東漢末數學家徐岳所著《數術記遺》，該書後由北周數學家甄鸞作注。《數術記遺》記載了包括「珠算」在內流行於當時的十四種算法。

算籌是古代的主要計算工具，缺點是佔用面積大，運籌時容易因擺弄不正而造成錯誤等，因此很早就開始進行改革。現傳本《數術記遺》載有「積算」「太乙」「兩儀」「三才」「五行」「八卦」「九宮」「運籌」「了知」「成數」「把頭」「龜算」「珠算」「計數」等十四種算法。《數術記遺》中記載的「珠算」，根據甄鸞的注釋，它分為三欄，上、下欄佈置游珠，中欄佈置結果。顯然，這是由算籌演變而來，但計算又很大不同。

◎ 改革計算方法

唐中期以後，商業日益繁榮，迫切要求改革計算方法，從《新唐書》等文獻留下來的算書書目，可知算法改革主要是簡化乘、除算法，化乘除為加減，到宋元時代，創造了九歸歌訣和歸除、撞歸歌訣。

巨鹿北宋城故址出土的木珠

　　南宋楊輝、元代朱世傑的著作中都包含大量口訣，與現今珠算口訣大致相同。乘除捷算法及其口訣已經發展到算籌與籌算無法容納的地步，改良計算工具成為迫切需要，有檔算盤與珠算術便應運而生。

　　歷史文獻中，載有大量宋元時期的實用算術書目，其數量遠比唐代為多。改革的主要內容仍是乘除法。朱世傑《算學啟蒙》、沈括《夢溪筆談》、楊輝《乘除通變本末》、丁巨《丁巨算法》、何平予《詳明算法》和賈亨《算法全能集》都是具體的實例。新算法使乘除法不需任何變通便可在一個橫列裏進行，與現今珠算的方法完全相同。

◎ 算盤的發明

　　穿珠算盤在北宋可能已出現。河北巨鹿北宋城故址出土有一顆木珠，直徑 2.1 厘米，形制、尺寸都與算盤珠相符。更重要的是，南宋劉勝年所繪**《茗園賭市圖》**中有相當清晰的帶檔算盤、算珠圖。

《清明上河圖》中趙太丞藥鋪櫃枱上的疑似算盤

因此，中國傳統的有樑穿檔算盤至遲在宋代已經發明。元代劉因《靜修先生文集》中有題為《算盤》的五言絕句。元代王振鵬所繪《乾坤一擔圖》的貨郎擔上有一把算盤，它的樑、檔、珠都很清晰。元末陶宗儀《南村輟耕錄》卷二九「井珠」條中有「算盤珠」比喻，可知元代已較廣泛地應用珠算。

◎ 珠算與算籌並行

從明初到明中葉，珠算繼續發展與普及。明初**《魁本對相四言雜字》**和**《魯班木經》**有關算盤的記載，說明珠算已十分流行。前者是兒童看圖識字的課本，後者把算盤作為家庭必需用品列入一般的木器傢具手冊中。在《魁本對相四言雜字》中有算盤和算籌的圖像，算盤圖十分清晰，框、樑、檔、珠俱全，是上二珠下五珠的算盤。

算盤產生以後，與算籌並行了相當長的一段時間。算盤先在民間

南宋劉勝年所繪《茗園賭市圖》中的算盤

元代王振鵬所繪《乾坤一擔圖》中的算盤

《魁本對相四言雜字》中的算盤
和算籌圖

流行，而宋元時期士大夫及他們撰寫的數學著作仍然使用算籌，宋元時期的數學著作都沒有使用珠算。儘管元代珠算已經流行，但直到明初，數學著作講述算法時仍然多採用籌算作為計算工具。明代前期還是籌算與珠算並用的時代，數學著作採用的算法往往難以斷定是用籌算還是珠算。早在《算學啟蒙》中就有了除法的撞歸算法，後來成為珠算中最重要的口訣之一。

在元末明初的數學著作中，《算法全能集》和《詳明算法》等書都把**九九乘法表口訣**、歸除口訣、撞歸口訣等歌訣列入其中，並設例演算，這反映了珠算與籌算相互影響的情況。

明代中期，數學家大多仍用籌算的表示符號和寫作習慣來完成著作。15 世紀中葉以後，珠算著作逐漸增多。如吳敬《九章詳注比類算法大全》、王文素《古今算學寶鑒》等著作討論了珠算算法。數學家吳敬、王文素、唐順之、顧應祥等對算盤均有應用或研究。

在福建漳浦縣盤陀鄉廟埔村的明墓中出土了一架木質算盤，它是上一珠、下五珠的算盤，算珠呈菱形。這一明墓的墓主盧維禎，明萬曆年間官至工部右侍郎，轉戶部左侍郎，逝後贈賜戶部尚書。盧維禎在工部、戶部任職，負責土木工程、財政、賦稅等方面的管理工作，需要大量的計算，在隨葬品中出現算盤，也說明朝野上下都使用算盤計算。

◎ 珠算成為主流算具

16 世紀後期，珠算的專門著作大量出現，珠算全面普及。珠算與籌算的地位發生了逆轉，珠算發展成了主流算具，籌算則開始退出歷史舞台。在專門的珠算著作中，《盤珠算法》和《數學通軌》成書較早，促進了珠算的普及。

《盤珠算法》介紹了珠算的口訣、運算和操作方法。其中的九九乘法表，沒有一乘的口訣，卻增加了十乘的口訣，如「十二二十」「十三三十」之類。**《數學通軌》**中所涉及的珠算口訣與珠算技術同樣非常全面，後來所用到的口訣書中幾乎全部出現。

明末珠算逐步走向定型，算法也逐步規範和系統化，主要著作是程大位的**《算法統宗》**，極力提倡「留頭乘」。**留頭乘法**亦稱「穿心乘」「挑心乘」「抽心乘」「心乘法」。凡是多位數相乘時，先從實數（即被乘數）的末位同法數（即乘數）的第二位起乘，乘至法數末位後，最後再與法數的首位數相乘，故名留頭乘法。

明代珠算除法有商除法和歸除法兩種，商除法原為籌算中的傳統

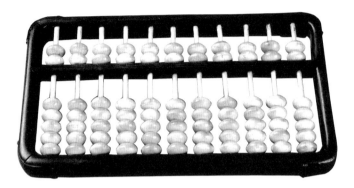

國家博物館藏明代算盤

國家博物館藏的一把明代 11 檔算盤,算珠用象牙製成,製作精良,是傳世算盤的精品,該算盤顯然不是普通百姓的計算工具,應是上層社會人士使用的算具。

方法,後被用於珠算。商除法與現在的筆算除法類似,其特點是通過心算估商。

歸除法是宋代籌算中新的方法,其特點是用歸除口訣定商。元代時歸除法後來居上,開始佔據優勢地位,特別是珠算流行時得到更廣泛的應用,成為珠算的主流算法,而商除法在珠算中很少使用。

在清代數學家潘逢禧所著《**算法發蒙**》中,對留頭乘、破頭乘、掉尾乘、隔位乘各種乘法都有詳細說明,還有圖解。

◎ 淘汰傳統籌算

珠算與籌算一脈相承,在計數方法上尤為一致。作為計算工具,珠算基本上可以涵蓋籌算的功能,但在計算速度上卻是後者無法相比

《算法發蒙》對留頭乘的詳解

包括圖解和文字說明，據此可以了解古代具體操作算盤的方法。圖中所標暗碼（蘇州碼）表示所有口訣的次序。

的。明代商業繁榮，珠算得到了蓬勃的發展。而籌算則逐漸銷聲匿跡。清代流行「四算」，即珠算、寫算、筆算和納貝爾籌算，傳統的籌算已逐漸不為人所知。

發明 18

圓儀、渾儀到簡儀

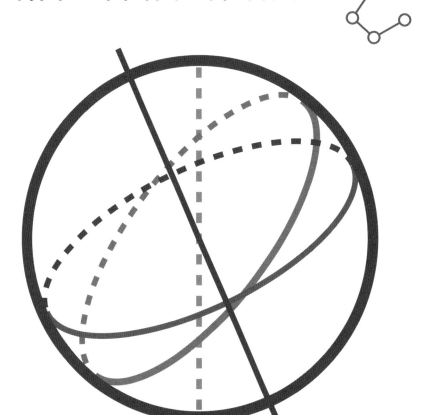

　　從現存文獻來看，至遲自夏代開始，對天象的觀察、研究與占驗，已是古代王朝關注的重要問題，由專門的職官和機構負責，使天文學成為古代最為發達的科學領域之一。

◎ 記錄天體的坐標系

　　古代在曆書編算、天象觀測及儀器研究等方面都有大量發明。其中，赤道式天體測量儀器尤其重要。自古以來，用於記錄和描述天體位置的坐標系主要有三種：地平坐標系、黃道坐標系和赤道坐標系。

　　地平坐標系會因緯度不同、地球自轉而變化，因此，各種星表一般不用地平坐標系。**黃道坐標系**也會因地球自轉而時刻改變，觀測儀器不易瞄準。**赤道坐標系**既能固定天體坐標，同時，觀測時容易瞄準，因此赤道裝置直至當代都廣泛使用。

　　對於天文學，儀器與測量是其基礎。流星、彗星、新星、太陽黑子以及天體光色變化等，古代都視為特異天象，並進行觀測與**占候**，除此以外，日、月、五星以及恆星的運動，也是研究的對象。

**長沙馬王堆 3 號漢墓出土
《五星占》**

◎ 觀察恆星位置

　　對於太陽的觀測，古代主要使用**圭表**。根據正午時分圭表影子長度的變化，可以測量出節氣的到來與回歸年的長度。觀察與測量天體位置，會以恆星坐標為參照系，因此，恆星位置，尤其是**二十八宿**位置，其精確度會直接影響日、月、五星位置測量與計算的準確性。

　　戰國到漢代成書的石氏**《星經》**中，包含現存最古老的恆星表、一百二十個星座（古代稱作「星官」）的標誌星（古代稱作「距星」）的「入宿度」（相當於赤經）和「去極度」（相當於赤緯）。這些都與圓儀和渾儀的發明密不可分。正因為有了精密的測量儀器，在公元前104 年編定的《太初曆》中，才首次出現對日、月、五星運動進行計算的曆術，而且，這些曆術使用的就是赤道坐標系統。

　　唐代之後，渾儀繼續發展。例如，僧一行利用「**黃道游儀**」觀測二十八宿，發現了恆星坐標的古今差異，使冬至點的測量更準確。

　　北宋一百餘年裏，製作了七台渾儀，也進行了七次大規模的全天恆星位置測量。元代**郭守敬**發明簡儀，改進了瞄準裝置和刻度方式，其讀數較歷代儀器準確五倍左右，與此同時，郭守敬等人編定的**《授時曆》**，也是古代水平最高的一部曆法。

◎ 渾天說與渾天儀

　　蓋天說認為天是半球形的天蓋，地好像是一個方形的棋盤。所有天體都附在天蓋之上，天蓋旋轉不停。蓋天說大約能追溯到商周時期。

其後出現的渾天說，可以用渾天儀來解釋和演示其具體結構。東漢**張衡**《渾天儀注》中提到：「渾如雞子，天體圓如彈丸，地如雞子中黃，孤居於天內，天大而地小」這便是渾天說的大概總結。此外，文中還描述了渾天天球模型上的基本圈與基本點，包括赤道圈、黃道圈、地平圈、北極、南極、恆顯圈、恆隱圈等。

◎ 圓儀的起源

最初，古人靠太陽升落出沒方位，以及黃昏、黎明出現中天的恆星，以確定新年與季節的來臨。又以太陽和月亮的運動週期，調整月份和季節之間的差異。但是，至遲從春秋時代開始，曆法的準確性成為君主權力與合法性的象徵。而至遲從戰國時代開始，占星學需要更精密的曆法作為基礎，以研究太陽、月亮、五大行星的運動。

長沙馬王堆漢墓中出土的帛書《五星占》，成書年代下限為公元前 168 年。帛書的主要內容是利用行星進行占卜，涉及行星運動週期和各種數據，包括對行星運動速度的描述等等。

安徽阜陽西漢汝陰侯夏侯灶墓出土「二十八宿盤」。二十八宿盤分上下兩盤，二者可以串連。盤中央畫有「十」字交叉線，裝飾有北斗七星；盤的周邊有等距針孔共三百六十五個，對應古代的周天度數。下盤周邊的斜面邊緣，上面篆刻有二十八宿的宿名和各宿距度，也就是各宿所佔的度數；盤上各宿分佈並不均勻，按照實際距離排列；盤中心也畫有「十」字線，一根兩端分別指向斗和井兩宿，一根兩端分別指向奎和軫兩宿。

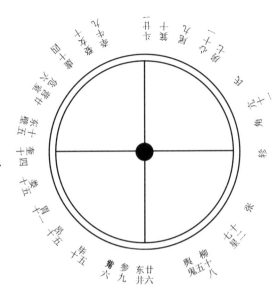

二十八宿盤下盤上的二十八宿名稱與距度分佈

　　汝陰侯墓出土的栻盤架，根據其結構和大小，可用來支撐二十八宿盤，據推測，上盤可測量天體的赤道經度，而底盤上的二十八宿是赤道宿度參照系，可用來簡單推算天體位置。

　　現存兩件西漢「日晷」，除了刻度與二十八宿盤上盤不一樣（「日晷」上所刻的為一日百刻）外，兩者結構相似，中心有圓孔，可裝上定標；每個時間刻度都有小孔，可裝上游標。

　　關於這儀器的用途，目前仍存在爭議，可能是赤道式日晷，或是地平式日晷，或是測量日出日落方位的「晷儀」，或是測量天體赤道距度。

◎ 渾儀的發展

　　從文字史料來看，渾儀的發明可以追溯到漢武帝太初改曆期間，

二十八宿盤出土時的狀態

發明者是朝廷從巴郡（今四川省閬中縣）徵召來參與改曆的**落下閎**。不過，落下閎的渾儀結構如何，史書並無明確記載。

陳壽《益部耆舊傳》：「閎字長公，明曉天文，隱於落下，武帝徵待詔太史，於地中轉渾天，改《顓頊曆》作《太初曆》。」從陳壽的文字來看，「渾天」是一種儀器，可以在選定的標準地點（「地中」）進行測量操作（「轉」），也就是後人所說的「渾儀」。

《後漢書‧律曆志》記載，東漢永元四年，左中郎將賈逵在主持曆法討論時提到，甘露二年，「大司農中丞耿壽昌奏，以圖儀度日月行，考驗天運狀，日月行至牽牛、東井，日過 [一] 度，月行十五度，至婁、角，日行一度，月行十三度，赤道使然，此前世所共知也」。

賈逵還指出：「黃道值牽牛，出赤道南二十五度，其直東井、輿鬼，出赤道北 [二十] 五度。赤道者為中天，去極俱九十度，非日月道。」這說明，從西漢後期到東漢前期，天球赤道坐標系統已經完善。

在賈逵時代，天文學家還意識到，用黃道來測量太陽和月亮的運動更加直接，因此賈逵建議製造相應的儀器。永元十五年（103 年），皇帝下令製造「太史黃道銅儀」。

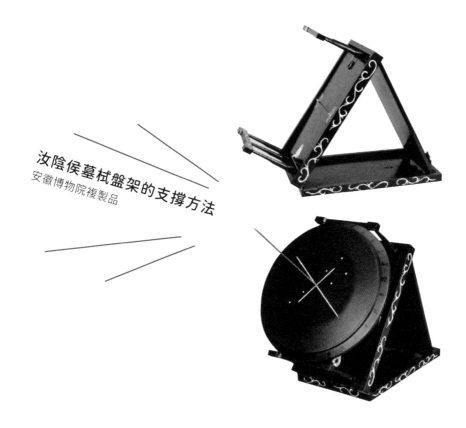

汝陰侯墓栻盤架的支撐方法
安徽博物院複製品

　　東漢末期，天文學家**張衡**在擔任太史令期間，曾製作渾儀，也稱渾天儀，並安置在靈台上。另外，張衡還製造用漏刻推動和控制的渾天儀，用以演示天體的周日運動。可惜的是，現存史料沒有這些儀器結構的具體記載。

　　史書中，第一台有明確結構描寫的渾儀是**孔挺渾儀**。據《隋書‧天文志》記載，它是銅製，由內外兩重組成。外層由一個地平單環、一個赤道單環及一個子午雙環疊套而成，既起骨架作用，又有刻度，後世稱之為「六合儀」。內層由一個有刻度、直徑 8 尺的赤經雙環構

於內蒙古托克托出土的「日晷」

成，環上有一根徑向軸，裝在子午雙環上代表北極和南極的孔裏，使赤經雙環能繞極軸轉動，所以後世稱之為「四游環」或者「四游儀」。環上裝有一根用來瞄準的窺管，在環面內繞環心轉動。調節四游環及窺管的位置，可對準天球上的任一方位，進行測量。

唐朝初年，天文官李淳風上書指出，孔挺式渾儀上只有赤道而無黃道，建議重造新儀。經批准，李氏製成「**渾天黃道儀**」。這儀器共分三層，最外層的「六合儀」和最內一層的「四游儀」與孔挺渾儀上的相同，只不過二者之間增加了一層「三辰儀」。三辰儀由赤道、黃道及白道單環與赤經環組成，直徑 8 尺，可以繞極軸轉動。三辰儀上首次裝上了白道環，目的是觀測月亮運動。

開元九年（721 年），僧一行受詔改治新曆，提出另製新儀，並於兩年後鑄成銅儀，稱「**太史黃道游儀**」。這儀器與李淳風的渾儀一樣也是三重，但在外層與中層上都有明顯的改變。

北宋是古代渾儀製作最多的一個朝代，前後百餘年時間裏，共製

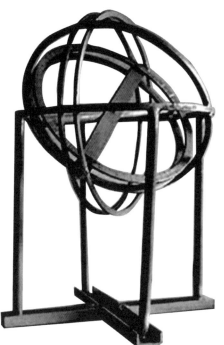

孔挺渾儀復原模型

太史黃道游儀複製模型

造了七架大型渾儀。這些渾儀沿用唐代渾儀的三重結構，但也有許多
改進。例如**皇祐新渾儀**，百刻分刻不在地平環上，而在赤道環上，可
直接用於各地的真太陽時及恆星時的測量。為了減少瞄準誤差，**沈括**
製成的熙寧渾儀，把窺管的下孔孔徑按比例縮小，為上孔孔徑的五分
之一，追求更精確的瞄準。

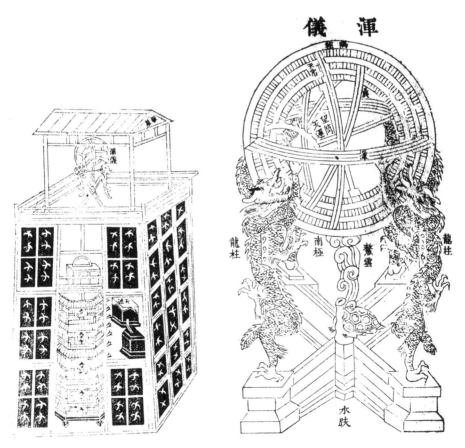

蘇頌水運儀象台上的渾儀及放大圖

明正統年間仿製的簡儀
南京紫金山天文台

到了南宋，蘇頌在水運儀象台頂上安裝渾儀。由計時機械驅動和控制，其中的四游儀可以自動跟蹤定天體。

北宋的天文儀器最後都被金朝掠奪到燕京，有許多被保存到明代並運往南京。明正統四年 (1439 年) 欽天監複製了一大批前代儀器，其中有一架是仿宋渾儀，其實物至今還保存在南京的紫金山上。

◎ 簡儀的發明

渾儀多環迭套的結構，產生了一些弊端，例如，各環的中心難以重合；環愈多，被遮蔽的天區愈大；儀器結構複雜，難於操作。

北宋時期，沈括簡化了新製渾儀的結構，取消白道環，縮小某些部件的橫截面積；調整黃道、赤道及地平諸環的位置，並製成扁平圓環，減少視線的遮擋。

到了元代，**郭守敬**則徹底簡化了渾儀結構，發明了簡儀。明正統四年，欽天監在北京仿製了一台簡儀。

簡儀主要由一架赤道經緯儀和一架地平經緯儀組成。赤道經緯儀是儀器的核心，只保存了渾儀上的四游、赤道及百刻三個環。後兩個環相互重疊，安裝在四游環的南端，使處在上方的天區幾乎毫無遮擋，一覽無餘。

地平經緯儀由一個「地平環」和一個與之垂直的「立運環」組成，因此被單獨稱作「立運儀」。立運環的結構與四游環相似，也帶有瞄準裝置。觀測時可從立運環上讀取地平高度，從地平環上讀取地平方位角。

第 5 章

建築、工程技術的發明

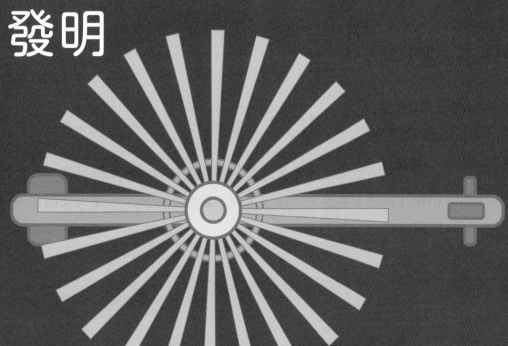

發明 19

水輪

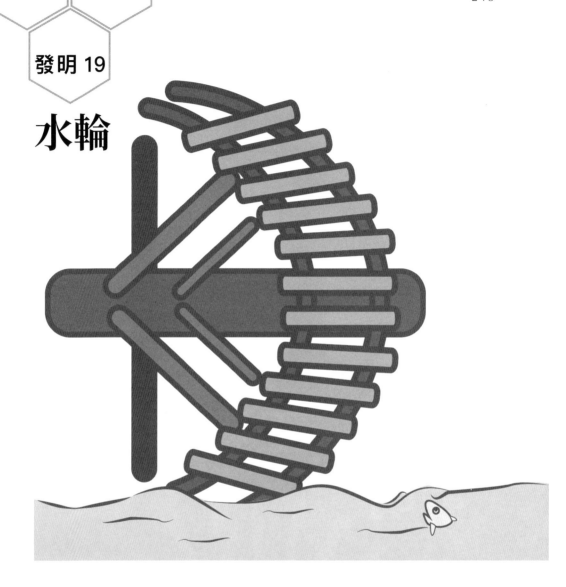

　　水輪是把水流的動能或勢能轉化為旋轉機械能的裝置。古代將水輪用作水碓、筒車、水碾、水磨、船磨、水排、水運天文儀器等機械的原動機。

◎ 甚麼是水輪？

「水輪」在古代文獻中有不同含義。《全唐文・水輪賦》中的「水輪」，是指輪狀的提水機械；宋代稱「**筒車**」為「水輪」，有時也叫「**水車**」；元代王禎《農書》中，是指一種動力機械，用水沖擊轉動的輪。在這以後，「水輪」一詞既指用作原動機的機械，又指筒車。

這裏指的是可轉換動力的機械。這種機械主要由軸、轂（車輪中心的圓木）和葉片構成。中國傳統水輪，可分為立式和臥式；按水流沖擊位置可分為上射式、下射式、斜擊式；按葉片構造，又可分為平板式、斜板式和斗式。

◎ 上射立式水輪

從文獻記載來看，立式水輪最初用作水碓的動力裝置。推斷至晚西漢末，已經出現水輪。立式水輪廣泛應用於糧食加工機械、提水機械及天文儀器。

「水碓」一詞最早見於東漢服虔的《通俗文》和孔融的《肉刑論》。這以後各代都有文獻記載。東晉時，水碓已有較複雜的結構。

上射式水輪利用高處水流的沖力和水的重力來驅動轉動。根據《農政全書》的描述，文中提到兩種水輪，一是「**斗碓**」，即上射立式水輪，二是「**撩車碓**」，即下射立式水輪。

到 20 世紀 90 年代，浙江、雲南和廣西等地，仍在使用上射立式水輪。基本結構和裝置方法與元代農學家王禎所述無異。

浙江開化縣桐村鎮水力作坊外景

　　各地的水碓，除石錘、臼槽、石座、鐵箍、鐵板套等外，其餘零件均為木製，要求所用木料浸水時不易變形和腐爛。軸、碓桿、輪輻、輞板等重要零件一般都選用樟木。零件的連接，幾乎不用鐵釘。當木材變濕膨脹後，連接處會更加緊固。這也是木製水力機械的優點之一。

◎ 下射立式水輪

　　對於水輪構造，元代以前的文獻少有描述。北宋王希孟的**《千里江山圖》**長卷，描繪了上射立式水輪驅動的水磨。王禎《農書》繪出了下射立式水輪的草圖，但葉片構造描繪得十分簡略。

　　由於早期文獻記載過於簡略，現在很難確定中國水輪用輞（車輪的外框）的起始年代。不過，推斷至晚在西周已有由轂、輻、輞構成

的車輪。車輪容易傳播，水輪製作者可以輕易參照車輪的構造。由傅暢《晉諸公贊》的記載推測，晉代已有帶輞的立式水輪。王禎《農書》、宋應星《天工開物》和徐光啟《農政全書》所繪水輪都是有輞的。明代，驅動連機碓、連磨的水輪就是由較複雜的輻、輞、葉片等構成。

浙江開化縣華埠鎮華民村曾有一部下射立式水輪驅動的碓、磨、碾、礱系統，借大河之水運轉，到 20 世紀 80 年代已有百多年甚至更長的歷史，晚清以來經過了多次修復。到 20 世紀 90 年代，原址殘存引水渠，以及石軸座、石磨盤、槽碾、輪碾等零件和部分建築。

唐代已將水輪和旋轉磨組合安裝在船上，製作出船磨。唐代《水部式》記載，禁止在洛陽附近的河道上建造「浮磑(石磨)」；南宋陸游《劍南詩稿》說「湍流見磑船」。「浮磑」「磑船」應當是指船磨。船磨用的是下射立式水輪。

《千里江山圖》上射立
式水輪驅動的水磨

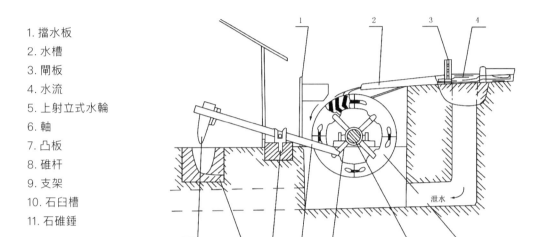

1. 擋水板
2. 水槽
3. 閘板
4. 水流
5. 上射立式水輪
6. 軸
7. 凸板
8. 碓杆
9. 支架
10. 石臼槽
11. 石碓錘

浙江開化縣桐村鎮水碓結構圖

　　明代《天工開物》及清代的文獻，都表明南方用船磨較普遍。但古文獻對船磨的水輪構造無詳細描述也未繪圖。

◎ 筒車與天文儀器

　　筒車的文獻記載可能最早見於《全唐文》，其中的《水輪賦》描述了「水輪」。「水輪」是一種置於河邊的提水機械，上面裝有盛水器，其工作原理與筒車相符。若盛水器是竹筒或木筒，那麼它應該是後世所稱的筒車。

　　宋代有關「水輪」的記載頗多。北宋李處權《崧庵集・土貴要予賦水輪》所載的「水輪」，當是指水流驅動的筒車。筒車的提水筒一

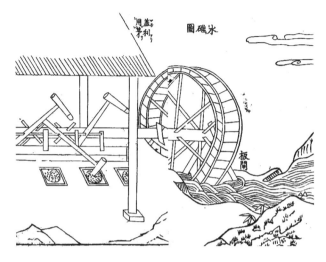

有輞的立式水輪
《天工開物》

**蘭州西固區下川村始建於
清代的黃河大水車**

般為竹筒，也有用木筒的。通常筒車用較輕的材料如竹木，依提水高
度就地在輪架上製作；甘肅蘭州黃河邊的筒車有的直徑竟超過 15 米，
其中西固區下川村一架始建於清代的水車至今仍在使用。

　　中國古代天文儀器很早就使用水力運轉。《晉書・天文志》記載，

漢順帝時，張衡製渾象，「以漏水轉之」。後人推測，張衡很可能使用了立式水輪和齒輪系，其結構可能參照了水碓。

　　唐代有用水輪驅動的天文儀器。《舊唐書·天文志》稱，一行、梁令瓚製成渾象，「注水激輪，令其自轉」。這個水輪應當是立式的，葉片可能是斗式的。唐代以後，以水輪為動力的儀器逐漸增多。宋代蘇頌等人創製的水運儀象台的「樞輪」，採用側射立式水輪。它依靠水的重量轉動，而非動能。

◎ 斜擊臥式水輪

　　中國常將臥式水輪稱作臥輪，實際上就是斜擊式水輪。東漢時可能就出現了斜擊式水輪。據裴松之注《三國志·魏書·鄭渾傳》引傅玄文，魏明帝時馬鈞造「**水轉百戲**」，「以大木雕構，使其形若輪，平地施之，潛以水發焉」，用於驅動多種木偶和「舂磨」。顯然，馬鈞製作了水輪。古人分類稱呼水輪時，以輪體的放置為準，而不以輪軸為準。按這個習慣，「平地施之」當是指臥置水輪，即水輪為臥式。

　　由於立式水輪出現在先，可供借鑒，臥式水輪可以盡快發展成熟。其發展成熟的程度應與立式水輪相當，並表現在輞和葉片的構造上。五代至北宋《**閘口盤車圖**》(作者佚名) 是迄今所見中國最早的臥式水輪圖。畫家描繪出水磨加工糧食的情景，即來自斜槽的水流沖擊有輞臥式水輪，水輪的立軸直接驅動樓板上方的臥置磨盤，整個裝置都設在一座以木結構為主的建築中。畫家以準確比例畫出水磨的結構，包括臥式水輪的輞、輻、葉片等。

　　最早的臥式水輪應該是沒有輞的，葉片直接裝在立軸上，平板葉片與輪的回轉面垂直。為了輸出更大的力矩，輪徑逐漸加大。當輪徑大到一定程度時，不得不專設輞和輻，並增加葉片數。兩晉以後，水磨、水碓的記載漸多。《南史·祖沖之傳》記載，祖沖之「於樂遊苑造水碓磨，武帝親自臨觀」。對於磨來說，用臥式水輪時機構最簡單，而用立式水輪時則需要齒輪傳動。

《閘口盤車圖》中的臥式水輪

發明 20

木建築技術

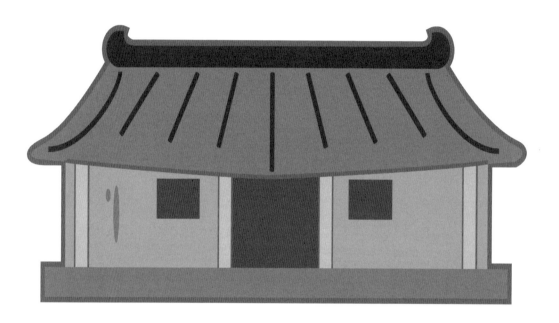

　　中國傳統建築以木結構為主。原始社會「巢居」「穴居」並存，經數千年發展，木結構建築日臻完善。在單體建築方面，受木材長短限制，但在羣體建築空間方面，卻積累了豐富經驗，具有高超的技藝。中國建築注重院落空間，強調室內及室外空間的交融。

◎ 木結構建築的八種技術

古代木結構建築技術包含多個工種，不同朝代有不同的分類標準，按照清代的方法，大致可以分為八個種類，稱為「**八大作**」，分別是：木、瓦、紮、石、土、油漆、彩畫、糊。**木**：指木作，包括大木作和小木作；**瓦**：指磚作和瓦作；**紮**：指腳手架的搭建；**石**：指石料的雕琢和砌築；**土**：指地基、牆體等處的夯土技術；**油漆**：指結構、裝修部件表面用油漆來保護和裝飾；**彩畫**：一些等級高的房屋表面繪製的各種紋飾；**糊**：指房屋頂棚、牆壁等表面貼紙的施工技術。木作包括了建築的主體結構和最終的裝修細節，是八個工種中最重要和最基本的工作。

◎ 四類木結構建築

古代木結構建築主要有四類：抬樑式、穿斗式、井幹式、干欄式。其中抬樑式、穿斗式分佈最廣；干欄式僅見於氣候潮濕地區；井幹式的特點是以原木疊擺起來，做成牆壁和屋頂，適合盛產木材的地區。

抬樑式樑架結構，顧名思義，就是把樑一層層架上去；用兩根立柱支撐一根橫樑；在橫樑上再立兩根短柱，支撐一根稍短的橫樑；在這根稍短的橫樑上，再立兩根短柱，支撐一根更短的橫樑。以此類推，橫樑逐層縮短，構成一榀樑架。在每根樑兩端，垂直方向放置搭在兩榀樑架之間的長木條——檁子，就形成了坡屋頂的雛形。

抬樑式的優點，在於室內立柱少，空間寬敞，適合多種功能要求；

但是，缺點在於立柱和樑都需要長大的木料。

穿斗式樑架，起源自巢居，由此，發展出直接用立柱承托檁的構架。每根檁下皆有柱支撐，立柱之間用木枋連接，構成一榀樑架。為保證穩定，兩榀樑架的外檐柱之間有斷面較大的構件——額來連接。由於立柱高度不同，因此檁便處於不同的位置，構成了坡屋頂的雛形。穿斗式的優劣與抬樑式相反，優點是立柱和穿枋的截面較小，節約材料；缺點在於需要很多立柱，室內空間佈置不夠靈活。

◎ 構架的樑額特徵

北方多採用抬樑式構架，而南方採用穿斗式構架。但是，抬樑式和穿斗式樑架有時會結合起來使用。在山牆等部位可以採用穿斗式結構，在需要大空間的地方則採用抬樑式結構。

一棟建築需要多榀樑架組合起來，構成了使用空間的結構體系，但為了遮風擋雨，還需要設置牆體、門窗作為圍護結構，但其獨立於承受屋頂荷載的木構架之外，因此有「牆倒屋不塌」之說。

古代的木結構，從原始的綁紮節點逐漸轉變，發明了**榫卯節點**。以榫卯為主要連接方式，抵抗來自不同方向的各種外力，抗震性強。

另外，樑架上部覆蓋一個深遠出檐的屋頂，以保護木結構和房屋的牆體。對於不同類型的屋頂形式，古人以階級而分，最高者為廡殿頂，亦稱四阿頂；其餘依次向下為歇山頂（亦稱九脊頂）、懸山、硬山、單坡、攢尖等。重檐比單檐等級高。另有一種盝頂比較少見。

不管哪種屋頂，輪廓往往並非直線，而是一條柔和的曲線。一般

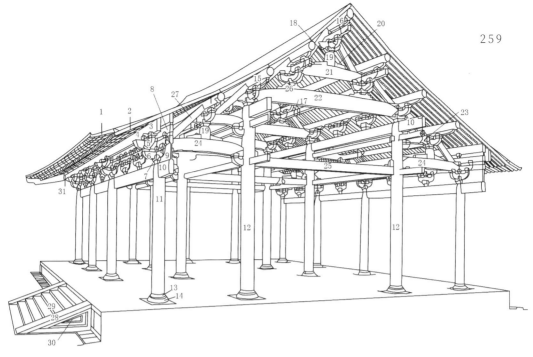

1. 飛椽 2. 檐椽 3. 橑檐枋 4. 斗 5. 栱 6. 華栱 7. 櫨斗 8. 柱頭枋 9. 栱眼壁板 10. 闌額
11. 檐柱 12. 內柱 13. 柱櫍 14. 柱礎 15. 平槫 16. 脊槫 17. 襻間 18. 丁華抹頦栱
19. 蜀柱 20. 合㭼 21. 平樑 22. 大樑（四椽栿） 23. 劄牽 24. 乳栿 25. 順栿串
26. 駝峯 27. 叉手、托腳 28. 副子 29. 踏 30. 象眼 31. 生頭木

宋式廳堂抬樑式木構架

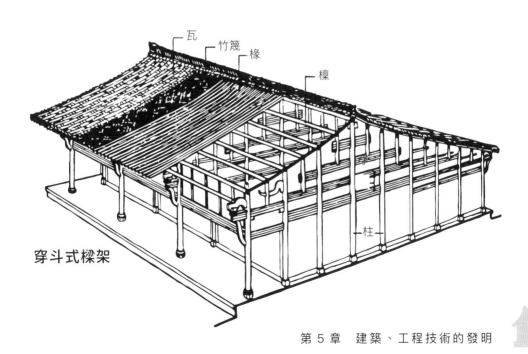

穿斗式樑架

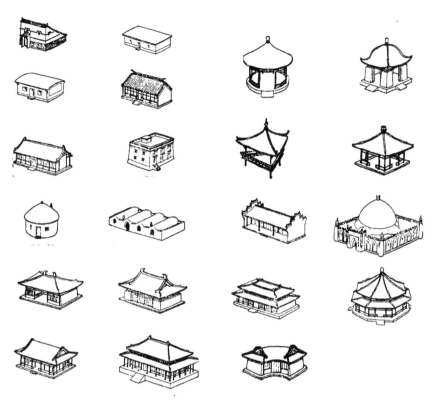

中國古代單體建築屋頂式樣

認為：一是有利於排水；二是便於採光。這是因為直至明代用磚砌築牆體，磚牆才大量應用，此前，牆體大多由夯土築成，為改善牆身防水，屋簷凸出外牆。若凸出部分屋簷保持和屋頂同樣的坡度，室內便採光不良。如果把簷口稍稍抬起做成凹曲面，就能解決問題。經過發展，形成今天所見各種樣式的屋頂。

　　在普通的建築，屋簷的出挑可由簷椽來承擔，但是，建築等級比較高或者規模比較大，屋簷出挑更多，便需要另一種構件來承托重量，這構件就是科栱。

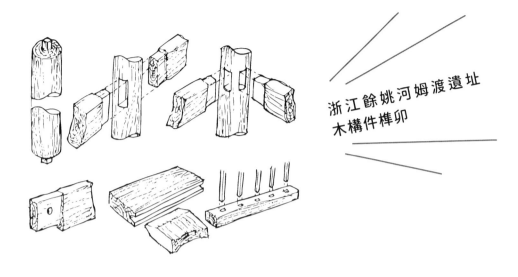

浙江餘姚河姆渡遺址
木構件榫卯

◎ 榫卯結構

　　榫卯結構是一個構件插入另一個構件的組合。突出的部分稱為
「榫」，凹入的部分稱為「卯」。由於木材容易加工，具有韌性，會
隨着濕度變化而出現輕微變形。目前，已知最早的榫卯結構，發現於
浙江餘姚的河姆渡遺址，距今七千多年。遺址出土的木結構遺跡中有
多種榫卯結構，主要用於干欄式建築，有凸型方榫、圓榫、雙層凸榫、
燕尾榫以及企口榫等。

　　榫卯結構大致可分為三大類型。第一類，主要是將面與面相接合，
也可以是兩條邊的拼合，還可以是面與邊的交接構合。如「槽口榫」
「企口榫」「燕尾榫」「穿帶榫」「紮榫」等。

　　第二類，是「點」的結構方法，主要用於作橫豎材丁字接合，成
角接合，交叉接合，以及直材和弧形材的伸延接合。如「格肩榫」「雙

榫」「雙夾榫」「勾掛榫」「鍥釘榫」「半榫」「通榫」等。

　　第三類，是將三個構件組合一起並相互聯結的構造方法，如常見的有「托角榫」「長短榫」「抱肩榫」「粽角榫」等。

◎ 抬樑式構架中的科栱

　　關於科栱，這兩個字在宋代文獻 **《營造法式》** 中寫作「科栱」，清代文獻工部《工程做法》中寫作「斗栱」。科栱的演變大體可分三個階段。第一階段為西周至漢代的初創時期。最早的科栱可以從青銅器上看到，如戰國中山國墓出土的銅方案上有斗和 45 度斜置栱的形

戰國銅方案

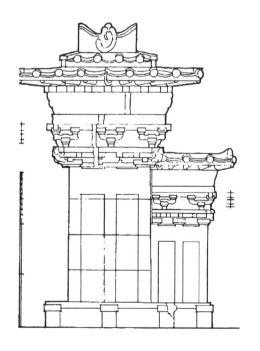

漢高頤闕上的科栱

五台山佛光寺東大殿科栱

北京故宮建福宮花園殿宇中的
科栱

象，漢代的石闕、明器、畫像石和畫像磚上也有大量科栱的形象。

　　漢代以後，開始在柱子之間的額枋上添加科栱，除使用與柱頭上相同的科栱之外，還有人字栱，上置一科，承托上部的檁枋，如大同雲岡石窟的北魏佛塔、太原天龍山的北齊石窟中均可見到。

　　第二階段為唐宋元的成熟期。現存木構實物可以看到的是唐代建築上的例子，這時期已將房屋中的木樑與柱子上的科栱組合成一體，順屋身左右橫出的栱也和井的柱頭枋交搭在一起。科栱已不再是支承樑架或挑檐的構件，而是在水平框架中不可分隔的一部分。這水平框架稱為「鋪作層」，用於殿堂型構架柱網之上，對保持木構架的整體性起關鍵作用，從唐開始，到宋逐漸完善，一直延續到元代。

　　第三階段為科栱功能的轉換期。明代開始，柱頭間使用大、小額枋和隨樑枋，科栱的尺度不斷縮小，間距加密。清式建築科栱與樑的關係不再像宋式那樣聯繫緊密。因此，科栱發展到明清以後已無鋪作層，它的用料和尺度比宋式大為縮小，但仍具有承托挑檐的作用。

◎ 古代木結構建築的成就

　　木結構建築技術發展到 10 至 11 世紀，已經相當成熟，宋代李誠編著《營造法式》，記載了諸多有關建築技藝的獨創性成果。其中之一，是建立了一套木結構的**模數制度**。以結構中最多的構件「材」為模數，「材」是指建築中「栱」「枋」的斷面，在整個木構體系中，材總共有八個等級，最大者是 9 寸 ×6 寸，最小者是 4.5 寸 ×3 寸。對於木結構建築的樑、柱、桁、椽、額以及科栱上的各種構件之長短、曲直，皆可以使用「材」來衡量。

　　另外，確定建築的類別。《營造法式》將當時的建築分成三大類，即殿堂、廳堂、餘屋。在實物遺存中還有一類，可稱之為樓閣式構架，其等第應屬殿堂式一類。

　　殿堂式構架。用於等級高的建築。將殿堂式構架加以變化，便產生一種**樓閣式構架**，當時的樓閣，在樓層之間都設有腰檐和平座，於是出現一個結構暗層，即平座層，在室內承托樓板，在室外形成挑台，可供登臨遠眺。現存實例如**獨樂寺觀音閣**和**應縣木塔**。

　　廳堂式構架。內外柱不同高。內柱升高至所承大樑的樑首或樑下皮，其上再承槫。特點是鋪作較簡單，最多用到六鋪作，一般用四鋪作。廳堂構架隨房屋進深大小、內柱的多少而產生變化。

　　餘屋式構架。又稱「柱樑作」，屬於一種僅用柱子支撐的簡單結構，用於一些次要建築。

　　規定樑栿截面的比例。《營造法式》對不同長度的樑，斷面應有的尺寸設下規定，這是指構架中的主要大樑的截面用材尺寸，截面高

獨樂寺觀音閣剖面

度大多在樑的長度的 1/10 至 1/13，並要求任何一處的樑，截面高寬比例一定是「材」的高寬比例，即高：寬 =3：2；等級高的大型建築，樑的長度增大，斷面也隨之增大。

抗震結構。古代木結構建築具有優異的抗震性能，不僅由於其採用榫卯節點，整體構架立於地面以上，可以在地面上移動，能夠吸收地震能量，還因為其優越的結構。例如建於 10 世紀後期的**天津市薊州區獨樂寺觀音閣**，是一座具有面寬五間 (20.2 米)、進深四間 (14.2 米)、高三層 (兩個明層一個結構暗層，總高 23 米) 的木樓閣，採用一種帶柱間斜撐的樓閣式構架。

材料加工新技術。例如環形樑的製作。若想利用傳統的抬樑式木構架建造一座圓形建築，對於圓弧形的樑，如果用一條筆直的木料去加工，則需要內挖外貼，使其變成弧形，這樣做既費木料又費工。匠師們採用了一種「**水濕壓彎**」的辦法，將筆直的木料先在水中浸泡，然後用加壓的辦法使其彎曲。使用這種做法的典型案例即明代所建清代重修的**北京天壇祈年殿**。

包鑲柱與通柱造。由於粗大的木料逐漸稀少，細小的木料容易獲取，於是出現「拼合柱」「拼合樑」。最早的建築實例如建於 1013 年的浙江寧波保國寺大殿，其內柱最為典型：將四根圓木拼合在一起，圓木之間再用木條彌補，並將表面做成瓜稜形，弱化拼合的痕跡。到了明清時期出現了「包鑲柱」，用直徑小的木材做柱芯，外表利用一條條弧形截面的木條包上一層，使柱徑加大。

宋代樓閣建築是將木構架一層層疊在一起，各層的柱子插到下層的柱樑之上，稱為「**插柱造**」。這種做法在遇到地震一類的外力時，

天壇祈年殿室內的環樑

會產生殘留變形，上下層的柱子彼此間出現不規則傾斜，嚴重者呈現出 S 形趨勢。明清以後改變了這種狀況，利用包鑲柱的辦法，使一段段柱芯接長，外包的木條與柱芯的接頭彼此交錯，便可以形成上下一體的長柱，使用在樓閣之上，稱為「**通柱造**」。

為了防護應運而生的**彩畫技術**。早在二千年前的漢代，已經有了在木結構上繪製彩畫的技術，這種技術利用天然的礦物或植物顏料，在木構件表面繪製花紋等圖案，既可起到對木材的防腐、防蟲的防護作用，又可達到美化建築的藝術效果。

發明 21

深井鑽探技術

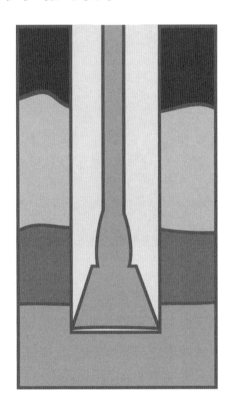

　　中國井鹽開採有二千多年的歷史，大體可以分為三個發展階段。戰國末至北宋中期，北宋中期至清代中期以及清代中後期到 20 世紀 20 年代。

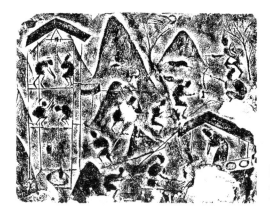

四川邛崍縣出土的 1 世紀
東漢鹽井畫像磚

◎ 早期的大口淺井開鑿技術

　　四川是井鹽開採的發祥地，其井鹽生產始於戰國末期，顯然利用了古代採礦鑿井的技術。據晉代常璩《華陽國志‧蜀志》和《史記‧秦本紀》記載，秦昭襄王任命李冰為蜀郡郡守。李冰在任期間興修大型水利工程**都江堰**，灌田萬頃，又在廣都（今四川雙流）鑿井取鹽，使蜀地成為天府之國。

　　井鹽開採技術在漢代進一步發展，產鹽區擴大，鹽產量隨之提高。西漢揚雄《蜀王本紀》記載，在漢宣帝地節年間三年內新開鹽井多達數十口。

　　在成都市和邛崍縣東漢墓中發現的畫像磚，描述了鹽井形制、鹽工工作情景。鹽井上立有高架，安裝有轆轤，用以轉動吊桶在井內上下升降，木架分兩層，每層各有二人相對站立，右側二人將空吊桶向下拉入井中以灌鹵水，左側二人將裝有鹽滷水的吊桶向上提升。鹽水注入井右側的槽中，再通過竹筒引至煮鹽灶旁的五口鍋內。灶前一人

開井口圖
《四川鹽法志》

立石圈圖
《四川鹽法志》

搖扇以助火力，後有煙囪。山上另有二人背着鹽包向山下走去，運至庫房。畫面上還有二人射獵山上野獸，以襯托鹽井位於人煙稀少的山區。井內可由二人作業，坐在竹筐內由轆轤引至井下，以錐、錨、鏟、鑿等鐵製工具挖掘、破碎岩石，再送出井外。如此重複作業，愈鑿愈深，直至發現鹽鹵層為止。井壁周圍抹上由石灰、河沙、黃土及黏米糊構成的三合土，外面再以厚木板或條石加固，以防井體塌陷。

關於古代鹽井深度，據唐代李昉**《太平廣記》**載，四川陵州鹽井由後漢張道陵所開鑿，周回四丈(徑9.2米)，深五百四十尺(124.2米)；唐代李吉甫**《元和郡縣圖志》**載，四川仁壽縣陵井「縱廣三十丈(93米)，深八十三丈(257米)」，是一龐然大井。

以規模和深度而言，其他鹽井不能與陵井相比。古代的開鑿技術需要投入大量人力、物力，所採出的是濃度較低的鹽水。此外，鑿井

清除井內碎石及泥水圖
《四川鹽法志》

速度緩慢，動輒十多月至數年。由於頻繁開採，地下淺層鹽鹵資源已逐步枯竭，需要向更深的層位鑿井，才能見鹵獲利，至此，傳統挖井方法已無能為力。唐末五代以來，鹽務政策束縛鹽業發展，大口井鹽生產開始衰落。

◎ 卓筒井或小口深井鑽探技術

井鹽的第二個發展階段是從北宋開始的，一種新的鑽井工藝在北宋中期形成，此即在四川問世的小口深井鑽探工藝或卓筒井工藝。

「**卓筒井**」一名初見於北宋的一篇奏摺中。宋神宗熙寧間，文同任陵州知州期間，鑒於轄區內新發明的卓筒井採鹽技術迅速擴展，此井易於隱藏，逃避鹽稅，遂奏請朝廷加強監管。

　　卓筒井技術始於北宋仁宗慶曆年間，從皇祐至熙寧不到三十年間，此技術已為很多人所知，從者甚眾，並迅速擴散到周圍的嘉州、梓州，已開出一千多口井，每家井主僱用傭工二十至五十人。用鐵製圓刃鑽頭開小口徑 (20~30 厘米) 鹽井，井深 100 至 300 米，可得到高濃度鹵水。小口徑鹽井以衝擊式鐵製圓刃鑽頭鑽井，衝擊力大，能穿透堅硬岩層，鑽至足夠深度。

　　卓筒井的普及促進了宋代的鹽業生產。《宋史 · 食貨志》載，至紹興二年時「凡四川二十州四千九百餘井，歲產鹽約六千餘萬斤」。鹽井數目及年產量都增加數倍，井鹽歲課增長為原歲課的五倍。

　　卓筒井工藝定型後繼續發展，至明清時期達到高峯。明代馬驥**《鹽井圖說》**對鹽井工藝作了全面概述。清人吳鼎立著**《自流井風物名實說》**(簡稱《自流井說》)，是專論富陽縣自流井鹽區管理和生產技術的少見著作。另一清人李榕寫成**《自流井記》**，敍述井鹽生產及資源，

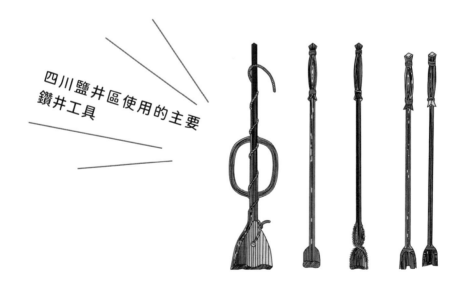

四川鹽井區使用的主要鑽井工具

尤其對深井地質層位有重要記載。由《鹽井圖說》《自流井說》及《自流井記》等相關文字記載和《四川鹽法志》的插圖，可一窺明代以來中國繩式深井鑽探技術要點。

宋代卓筒井時期鑽出的小口深井，井內岩層堅固，但井上部土質鬆軟，護井竹筒承受不小的拉力和擠壓力，容易裂開。明代改良了固井，選好井位、平整周圍土地後，人工挖掘出「井口」或井的最上部井腔。再在其中放入外方內圓的石圈三十個，徑 26 至 30 厘米或 36 至 40 厘米，周邊 60 厘米，厚 0.3~0.6 米，逐個放至井口，周圍以土及碎石填實，可使井壁上部能承受更大外力作用而不塌陷。

◎ 各式鑽井工具

此外，還以中空長木筒為固井套筒，需先鑽出大口井腔（舊稱「竅」），以大型鑽具（「魚尾銼」）鑽探。井上安設足踏碓架、牛拉絞盤及其傳動系統（舊稱「花滾」），以井架（「樓架」）支撐，利用絞車收放或踏板起落之勢引動鑽頭衝擊岩層。

大型鑽具為鐵製，長 3 米多，重 50 至 100 千克，鑽頭寬 30 至 40 厘米，底部呈魚尾形，舊稱「魚尾銼」。鑽桿上有圓鐵環，當轉動鑽頭方向時，可令鑽孔垂直，上接震擊器（舊稱「轉槽子」）。以竹片擰成的篾繩作為連接各部件的繩索，構成了繩式頓鑽的特點。

明清使用更堅固的松柏等木製套筒固井。木套筒入井後，便用小的鐵製鑽頭鑽小口徑深井（舊稱「小竅」）。鑽頭上有長柄，總長 1.2 丈（3.72 米），重 40 至 70 千克，刃部如銀錠，舊稱「銀錠銼」。鑽頭

製作木套筒圖
《四川鹽法志》

下木套筒圖
《四川鹽法志》

高 6 至 7 寸或 8 至 9 寸，前後橢圓，左右中削。鑽具上仍裝震擊器（「轉槽子」），由絞盤驅動，鑽法與鑽大口井腔相同。這段井身佔全井深度八九成，是鹽井主體部分，也是裸井部分。因岩層堅硬，鑽井所需時間很長，有的井需要四五年至十數年不等。

小口井徑，據《自流井說》載，深度因各地地質情況不同而變化很大，據嚴如熤《三省邊防備覽》記載，最深可達「百數十丈至三四百丈」（960 至 1280 米）。鑽井時遇到有色的鹽水（舊稱為「鹵」），即大功告成。接着把吸鹵竹筒送入井下，井內鹽水頂開閥門進入筒中，靠自身重量將閥門關閉。

提至井上時，以鐵鈎頂開閥門，將鹽水倒入槽中，送去煮鹽。在井上以數木支起高幾丈的井架（「樓架」），上安一定滑輪（「天滾」），地上再放一滑輪（「地滾」）。井的另一處有帶草棚的立式絞盤（「大盤車」），以牛拉動。絞盤周長 5 米，繞以很長的篾繩，牽引力超過宋代。

鑽小口深井圖
《四川鹽法志》

吸取鹽水圖
《四川鹽法志》

在地上滑輪與絞盤之間還裝有樞軸的導輪（「車牀」）用以改變力的方向。以上各部件間皆以篾繩相連。

◎ 鑽井事故的應對方法

從北宋以來，發展了一整套處理鑽井事故的工具和方法，至明清時更趨完備。在處理事故前，先由有經驗的師傅將帶有倒鈎的探測桿（舊稱提鬚刀）放入井下，查出事故原因、墜入何物及在井中位置，再採取對應措施。如鑽井時鑽探工具及篾繩偶爾中折掉入井中，可用鐵製的五爪將其取出；井中被游動的泥沙塞滿，使鑽探受阻，則以下端有細齒的鐵桿將黏在一起的泥沙衝鬆，再用竹筒（舊稱「刮筒」）將泥沙從井中取出。

至清代，鑽探、打撈工具已達七十種，處理井下事故的工具亦有

四川鹽井區使用的部分打撈工具

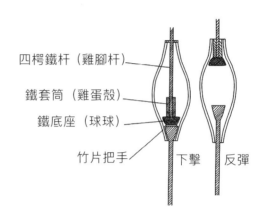

四楞鐵杆（雞腳杆）

鐵套筒（雞蛋殼）

鐵底座（球球）

竹片把手　　　下擊　　反彈

震擊器（轉槽子）結構
及運轉示意圖

幾十種。另一常見的井下事故是鑽頭衝擊岩層時，因衝力過猛而卡入其中，提不起來，使鑽探中斷，如強硬提拉，易使篾繩裂斷或鑽具損壞。古人發明了**震擊器**，放在篾繩與鑽具之間，能對鑽頭撞擊後產生一種反彈力，使鑽頭不致陷入岩層中，起自動解卡作用，舊稱「撞子釬」。此裝置至遲在明初即用於四川鹽井區深井鑽探中。明清時撞子釬還有「挺子」「轉槽子」等不同名稱和諸多品種，用於井下鑽探的不同作業。這些裝置放在井上升降系統的篾繩與井下鑽進、打撈及汲取工具之間，可起到垂吊、扶正、指示、震擊、保護和解卡等作用。

轉槽子造型和結構簡練，由四楞鐵桿（舊稱雞腳杆）及其上寬下窄的底座（舊稱球球）、鐵套筒（舊稱雞蛋殼）構成。

因轉槽子加重了鑽具，增強了鑽頭破碎岩層的能力。當篾繩長短適度時，鑽頭至井底不再運動。此時轉槽子下行，與鑽頭碰撞發出的聲音傳到井口，說明鑽頭衝至井底。如篾繩短或過長，則井上聽不到

聲音，需及時調整繩長。

　　這些技術都有助開鑿深井和從地下深層採鹽。明代四川地方官郭子章稱，萬曆年間成都附近的射洪縣內鹽井淺者五六十丈 (155 至 186 米)，深者已達百丈 (310 米)。

◎ 清代技術更趨成熟

　　清代鹽業生產的繁榮促進了鑽井技術的成熟。鑿井工序較明代更為周密，大致可分為：定井位、開井口、下石圈、鑿大口、下木柱、鑿小眼等。鑽頭和鑽具也有改進，明代鑽頭只有大小之分，清代應用了形式多樣、適應各種岩層的鑽頭，如魚尾銼、銀錠銼、馬蹄銼、墊根子銼、財神銼等，出現了轉槽子、把手和長條等鑽具，提高了鑽井速度和井身質量。

　　測井技術和糾正井斜辦法的應用趨於成熟，採用吊墨、測井和糾斜的方法來解決鑽井時出現井身彎斜的問題。修治井技術較明代又有大的發展，形成了補腔、打撈、修治木柱和淘井等一整套修治井技術，如到清代中葉使用的打撈工具已達幾十種，能及時防止鑽井和生產過程中的事故。

　　清雍正八年（1730 年）四川井鹽擴至四十州縣，有逾六千口井，產鹽九千二百多萬斤。至乾隆二十三年（1758 年）又增二千眼井。嘉慶末年鹽井深度可達「百數十丈至三四百丈 (960 至 1280 米)」。

第6章

交通、運輸的發明

發明 22

運河與船閘

　　廣義而言，運河包括利用自然河流、湖泊開鑿出來的水運通道。歷代以來，或利用便利的天然河湖，挖出水運通道，或克服地形高差和水源不足的困難，挖出人工運河，形成以都城為終點、貫通各大水系的大運河。

◎ 春秋至秦漢時期的運河

大運河形成過程複雜，其中以隋代和元代兩次大規模的改建和擴建最為關鍵，最後，形成以京杭運河為骨幹的南北大運河。其實，早在春秋時代已見運河記載，《史記·河渠書》中，**司馬遷**描述了春秋戰國時代開鑿運河的盛況。

古代徵收的實物稅大部分是糧食，大量物資從各地運往京師，水路運輸最為適合。中國大江大河一般都是由西向東流，人工開鑿的南北向運河，不但構成巨大的水運網，更與防洪、農田灌溉有連繫。邗溝、鴻溝、靈渠可以作為這時期運河的代表。

◎ 邗溝和鴻溝

中國歷史上首條有確切年代記載的運河，是自今揚州至淮安的邗溝。公元前 486 年，吳國為了北上爭霸，「城邗，溝通江、淮」，為的是通糧道。邗溝聯繫了長江和淮河的水運，保障後勤。根據《水經注·淮水》記錄，邗溝（當時也稱韓江、中瀆水）從今揚州北上，沿途湖泊眾多，直到今淮安市入淮河，利用當地密佈的河湖水網，用人工渠道貫通，既曲折且有風浪之險。

邗溝建成一百多年後，聯繫黃河和淮河的鴻溝（《漢書·地理志》稱其為「狼湯渠」，東漢改道東移，稱作汴渠）運河也應運而生。魏惠王九年（公元前 361 年）遷都大梁（今河南開封），次年即開始分段開挖鴻溝，至魏惠王三十一年（公元前 339 年）完成。秦漢以後，運

河有了更大發展，邗溝和鴻溝成為連繫首都長安和江南地區的骨幹運河。

◎ 跨越南嶺山脈的靈渠

　　秦始皇滅六國之後，即揮師嶺南，但大量軍需供給受制於山嶺阻隔，於是鑿渠以開通糧道。發源於興安海陽山的始安水，是湘江（長江支流）和灕江（珠江支流）的源頭，湘江自南而北，灕江支流始安水自北而南，在山嶺的鞍部兩水最近處僅相距 1.6 公里，但是，此處湘江低於始安水 6 米，高差懸殊，即便開通運河，由於水流湍急，船隻也無法航行。

　　因此，人們在二水相距最近處的上游 2.3 公里處將湘江一分為二，向南分流的南支通往始安水，下入灕江，稱作**南渠**。而北支則依傍湘江，另修一條**北渠**，下游回歸湘江。靈渠開通了長江與珠江間的水運往來，成為當時聯繫嶺南的唯一水路。為確保南渠的水深，建有若干座**陡門**，即臨時性的**船閘**。靈渠貫通了長江和珠江，使中原和嶺南之間的水路可以直接相通。漢代以後，靈渠一直是南北交通運輸的大動脈。

◎ 隋唐時期的運河

　　漢代以後，魏晉南北朝約四百年間，未有大規模的運河開鑿。直至隋代，再啟大規模的運河建設，並經唐宋時期的改進，一條橫亙東

西、縱貫南北的大運河得以形成。隨着水路運輸網絡的發展，漕運成為社會經濟發展的命脈。

　　隋定都長安和洛陽，為了聯繫首都和南方富庶地區，大規模的運河建設因而開始。在前代開鑿的分散而間斷的運河基礎上，利用地形和河湖水源等自然環境，興建了以通濟渠、山陽瀆、永濟渠、江南運河為骨幹、首尾相接的運河，形成了全國的運河網。

◎ 廣通渠

　　隋代運河規劃與建設始於隋文帝。為確保首都長安的糧食和物資供應，隋文帝下令鑿渠，引渭水，自大興城東至潼關，名為廣通渠。這是隋朝建立後興建的第一項運河工程。其後，在古邗溝的基礎上，開鑿山陽瀆。山陽瀆南起江都（今揚州），北至山陽（今淮安），貫通了長江和淮河。

◎ 通濟渠

　　隋煬帝即位後，下令興建東都洛陽，開始營建以洛陽為中心的運河網。首先是東都洛陽與江南富庶地區的水運路線。在漢代汴渠的基礎上，興建通濟渠。這條運河分東西兩段，東段起自洛陽的西苑，引谷水、洛水至黃河，大致是利用東漢張純修建的陽渠運河；西段從板渚（今河南滎陽北）引黃河水，東流經開封，折向東南流，直達淮河。

　　通濟渠興建的同時，還對山陽瀆進行了大規模疏浚，可通行龐大

的**龍舟**（巨大遊河船）和漕船。自此，自洛陽經通濟渠至泗州，循淮河而下，經邗溝至揚州，入長江後至江南富庶地區。

◎ 永濟渠

永濟渠沿途借用衞河、清水、淇水、白溝等眾多天然河道，在歷史上第一次貫通了黃河與海河。永濟渠全長二千多里，全線位於黃河以北，是古代北方運河系統的骨幹運河。

此外，隋煬帝重開江南運河，自京口（今鎮江）至餘杭（今杭州），全長八百餘里，可通龍舟。江南運河溝通了長江和錢塘江水系。

至此，古代運河形成了以洛陽為中心，西通關中盆地，北抵河北平原，南至江南地區，貫通海河、黃河、淮河、長江和錢塘江五大水系，長達二千七百多公里的龐大運河系統。

◎ 兩宋時期的運河

及至北宋，建都汴京（今開封）。開始治理汴渠和淮揚運河，其中特別重視汴渠。南宋建都臨安（今杭州），浙東運河成為宋朝的運輸骨幹。一批運河沿岸城市因此興起，特別是在一些水路交匯點，不少工商業城鎮陸續出現，如汴州、宋州、楚州、揚州、潤州、常州、蘇州、杭州等，就是當時最著名的運河城市。

◎ 汴渠

北宋時期，在以首都汴京為中心的運河網中，有四條主要的人工運道，即汴河 (或稱汴渠)、惠民河、廣濟河、金水河，合稱「漕運四渠」。其中以汴河最為重要。汴河的漕運量，一般年份五六百萬石，最高年份達八百萬石。這是北宋歲漕的最高紀錄。

《清明上河圖》（局部）繁忙的汴河碼頭

汴河基本沿襲了隋代的通濟渠，四通八達，造就了首都開封的繁榮。著名古畫《清明上河圖》描繪的就是當年東京沿汴河一帶的繁榮景象。汴河是北宋糧賦命脈之所繫，但汴河與黃河交接，黃河以暴漲暴落、含沙量大著稱，由此帶來一系列問題。為解決水源和泥沙問題，便進行了狹河工程與導洛通汴工程。

所謂狹河工程，即以木椿、木板為岸，束狹河身，以加快水流速度，升高水位，減少河道泥沙淤積，是北宋治理汴河的主要工程措施。據《續資治通鑒長編》記載，在汴河寬闊水淺處，修築鋸牙形堤岸，縮小河道寬度，以升高水位，加快流速。

北宋治理汴河的另一措施，便是導洛通汴工程。為保證運輸幹線的暢通，實施清汴工程。工程主要措施包括：**開渠**。堵塞洛口與汴口，新開一條引水渠接汴河。**蓄水**。在地勢較高的索水上游興建房家、黃家和孟王三個小水庫，並引索水注入其中，作為運河的調節水庫。**築堤**。大堤西起神尾山，東至土家堤，全長四十七里。**整治汴河河槽**。建束水勠楗（約束水勢的設施）及水閘，節制水流，增加水深。工程實施後，汴河成為一條以清水為源的河流。

◎ 元朝至清朝時期的大運河

元、明、清建都北京，隨着政治中心北移，骨幹運河也隨之發生重大變化。經過元代對山東段運河的裁彎取直，並重新設計北京段運河，京杭運河最終棄弓走弦，南北完全貫通。江南漕船從杭州出發，向北越過長江、淮河、黃河，可以一直通到北京。

◎ 京杭運河的全線貫通

元初，朝廷開始對京杭運河重新規劃與設計，並陸續對各段運河進行疏通，其中最困難的有兩段。一段是山東衛河臨清以南、濟寧以北，與汶、泗相交接河段；另一段是大都至通州段。

◎ 濟州河與會通河

京杭運河在山東段跨越山東地壘，是高低相差最大的一段。需要克服地形上升和水資源缺乏的困難，工程分兩次施工完成。首先是開鑿濟州河，從今山東濟寧到山東東平安山，長一百三十餘里。為了航運通暢，順利翻越山脊，濟州河還沿河置閘，節蓄水流。

濟州河開通後，泗水與御河間還有一段沒有貫通，只能依靠陸路轉運，於是續建會通河，南接濟州河，北至臨清河與御河。會通河與濟州河相接，解決了京杭運河中船隊翻越坡嶺的問題。後來會通河與濟州河歸於一河，通稱會通河。

但是，會通河始終受水源和黃河侵淤兩大問題的困擾。為此，在會通河上建閘三十一座，在泗水、汶水、洸河、府河、鹽河等天然河道上建閘十三座，形成梯級船閘。

◎ 通惠河

濟州河和會通河開通後，南方漕船可以直到通州。通州到大都雖

只有五十里，但由於水路不通，陸路轉運十分艱難，於是開鑿通惠河，漕船可直接駛入大都城內的積水潭，京杭運河全線通航。通惠河開通後，為了確保漕運水道的暢通，修建了二十四閘。

但是，山東會通河的水源及黃河侵淤問題仍未解決，這也使得終元一代，京杭運河功用難以發揮，南北運輸依靠海運。當時漕運量每年三百萬石，經過京杭運河的不及十分之一，僅有三十萬石左右。

◎ 京杭運河的治理

明清定都北京，京杭運河成為溝通南北的交通命脈。明永樂年間，朝廷初步解決了山東段運河的水源問題，漕運漸趨穩步發展。這時期，黃河屢屢潰決，嚴重威脅運河。自明代嘉靖年間起，朝廷先後開鑿了南陽新河、泇河和中運河，京杭運河終於擺脫黃河的威脅。

此外，明清時期，運河與黃河、淮河等大江大河平交，特別是黃、淮、運交匯的清口，如何保持航運暢通，是一大難題。因此，明清時期京杭運河的建設，重點在於解決會通河水源問題、分離運河與黃河及治理清口樞紐工程。

首先，在關鍵位置建設陡門和南北分水閘門，解決水源不足問題。除通航船閘外，會通河上還建有積水閘、進水閘、泄水閘、平水閘，以及堰壩等，總計有閘壩百多座，會通河因此又稱「閘漕」。

此外，開鑿南陽新河，使山東運河的河道同黃河的河道完全分開，消除黃河侵淤的威脅。其後，再開泇河，上接南陽新河，下從駱馬湖

旁直插入黃河，使運河在徐州至邳州之間脫離黃河。在清康熙年間開通中河，京杭運河至此全部脫離黃河。

明清兩代，清口是京杭運河穿越黃淮的關鍵區段，是漕運咽喉。但這一時期，黃河河牀的不斷淤積，黃河水位不斷上升，使淮水進入不了運河，漕運不暢。為此，明清時期在清口修築了大量工程，包括樞紐工程的主體高家堰大壩，以維持運道的暢通。而由此形成的洪澤湖，成為具有蓄水、沖沙、泄洪等功能的水庫。

◎ 京杭運河的興衰

明清時期，是京杭運河的輝煌時期，支撐了朝廷財政收入的大半。明代，全國設八大鈔關，其中七處在運河上。清代，漕運在國家財政收入佔重要地位。清廷一年的財政收入漕運就佔了三分之二。

京杭運河也推動了沿線城鎮的興起和繁榮。明清時期全國工商業發達的大中城市有三十多個，運河沿線城市幾乎佔了半壁江山。著名的城鎮有臨清、濟寧、徐州、淮安、高郵、揚州、杭州等。

咸豐五年（1855 年），黃河氾濫，沖擊山東境內大運河堤岸，長達十餘年，大運河的航行完全停頓。光緒年間，清朝最終放棄了對大運河的修治。運輸方式也發生了改變，咸豐年間，漕糧改為海運。輪船招商局在上海成立，海運暢通。光緒二十六年（1900 年），清廷稅收由徵實物改折現銀，漕運廢止。1911 年京浦鐵路通車，代替了航運功能。京杭運河只保留了山東濟寧至杭州段及錢塘江以南的西興運河。

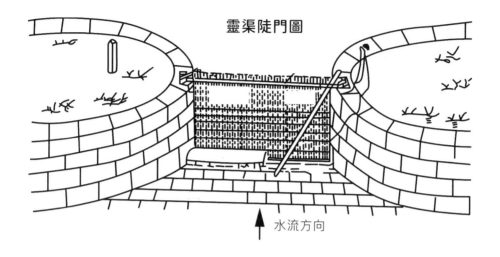

靈渠陡門圖

水流方向

◎ 運河船閘的起源

　　船閘，一般修建在地形較陡斜、水面落差大的渠段上，用以調節運河水深、水面比降、流速，以便舟船航行。船閘的前身稱作**堰埭**，是橫攔運河的壩。航船穿越山崗，山崗與平地的高低落差較大時，需要經由一級或多級堰埭分段過渡。

　　一般來說，堰埭的壩坡都是緩坡，便於拖動船隻；各堰**高程**（標高）自上而下逐步降低，將整個落差分成若干梯級；堰埭之間集蓄坡水，保證航深。船過堰埭時，重載的航船一般要先卸載，空船靠人力或水牛拖拽過壩，過壩之後再裝載貨物繼續航程。大船則需要借助絞盤等簡單機械。為減少船底和堰埭表面的摩擦，一般在堰面上敷以就近撈取的湖泥和水草。這種過壩方式一般稱作「盤壩」或「轉搬」。堰埭雖是不可操作的建築物，還不能稱為船閘，但已可說是船閘的前身。中國運河船閘的發展，大致可分為單門船閘、複閘和澳閘三個階段。

◎ 單門船閘

最早的單門船閘可追溯到公元前 3 世紀初，位於今廣西桂林市興安縣的靈渠。靈渠上的船閘當地稱作陡，也叫陡門或斗門，用以節蓄運河水流。由於陡門在靈渠中的關鍵作用，靈渠也常常被稱作陡渠。

根據宋代著作記載，靈渠在宋代曾有陡門三十六座，現在的陡門遺存尚有十四座，都是清代改建。

古代常用單閘，沿用時間最長。以北京通惠河上的慶豐閘為例，自元至清都是條石漿砌的石閘。整個閘座大體可分為閘牆、基礎、閘門板和閘門板啟閉設備等部分。

閘牆。兩岸閘牆（又稱金剛牆）為條石漿砌。閘牆中間自上而下設有安放閘門板的凹槽（又稱閘槽、掐口）。閘牆上游兩側有漿砌八字翼牆，稱**迎水雁翅**；下游翼牆稱**分水燕尾**。**基礎**部分自下而上有木樁。

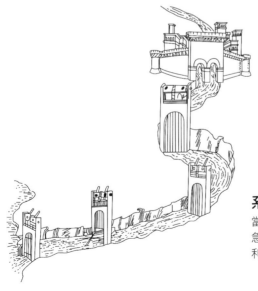

系列單門船閘

當一個閘門打開時，小船必須穿過急流。此圖出自一部 15 世紀意大利水利工程師的手稿。

第 6 章　交通、運輸的發明

閘門板由楪木疊置而成，板側兩端各有用來起吊閘門板的鐵製板環。**閘門板啟閉設備**稱絞關石，兩岸左右各一座。絞關石中間有圓孔，孔中橫插絞關軸，有木製或鐵製兩種，是固定式滑輪軸。啟閉繩索通過滑輪軸，經由人力或畜力拉動，啟閉閘門板。

◎ 複閘

複閘往往有兩個或多個閘門，雙門船閘之間形成一個閘室，三門之間有兩個閘室。有明確記載的複閘，出現在北宋《宋史‧喬維岳傳》中，記載了運河為保證航深，由建設節制水流的堰埭到建設複式船閘的原因，以及最初複式船閘的主體結構。

以船隻由淮河入運河為例，首先開啟臨淮閘門，船隻進入閘室。隨即關閉臨淮閘門，並由儲水設施向閘室注水，與運河水位相平時，再開第二道閘門，船隻駛入運河，完成過閘過程。

◎ 澳閘

澳閘是在複閘基礎上的進一步發展。它附加的水澳可以存蓄水量，向運河補水和重複使用棄水。如果在閘旁窪地開闢水澳儲水，當船隻駛向上游，則開啟下游船閘，待船隻進入閘室後，可由水位較高的水澳向閘室補水，抬高閘室水位，以便下游船隻進入上游閘室，操作與複閘運作相同。而當船隻由上游閘室駛向下游閘室，就勢必要放棄上游閘室的部分水量，使水位與下游閘室的相平，以便船隻平順進入下

北京慶豐閘上的閘槽及啟閉設備，左圖可見放置門板的槽，右圖為提升閘門板的石製起重支架。

閘。為了暫存上游閘室的棄水於水澳中，以備再次使用，於是發明了澳閘。位於今浙江杭州市東北的長安閘，是典型的澳閘。

　　元、明、清三代建都今北京，隨着政治中心北移，骨幹運河也相應改變。京杭運河成為連接北京至杭州，以至延伸至寧波，橫跨海河、黃河、淮河、長江、錢塘江五大流域的水運大動脈，通行六百年，長達一千七百公里，需要船閘控制。然而就船閘的技術水平而言，宋代已達到古代的最高水平。元、明、清三代的船閘技術，再沒有突破。

發明 23

水密艙壁

　　船舶的艙壁，就是隔開船艙的防水牆。艙壁之間的縫隙，以及艙壁與外板、甲板間的縫隙，可用麻絲、桐油與石灰的混合劑「桐油灰」填塞，增加水密性。即使其中一個艙室受損進水，其餘艙室也不會被波及，確保船舶保持漂浮。

◎ 盧循與水密艙壁

中國早在晉代義熙（405 年 － 419 年）年間，即 5 世紀初，已建造有水密艙壁的船舶。最早有水密艙壁的船叫「**八槽艦**」，是晉代跟隨孫恩海上起兵的**盧循**所建造。八槽艦利用水密艙壁將船體分隔成八個船艙，即使某個船艙破損漏水，船舶亦不致沉沒。

晉隆安三年（399 年）十月，孫恩自海島起兵，殺上虞縣令並攻佔會稽 (今浙江紹興)，還迅速佔有會稽等八郡，「旬日之中，眾數十萬」，「自號征東將軍」。是年十二月，孫恩被官軍擊敗，逃入海島。晉安帝元興元年（402 年），孫恩率眾攻浙江臨海，為官軍擊敗。孫恩投海自殺。餘眾數千人復推孫恩妹夫盧循為主。

諸多文獻未記有盧循所建造的八槽艦。但是，在晉代義熙皇帝（即晉安帝）的言行錄裏，在宋武帝的紀傳裏，卻記載了盧循建造八槽艦的一些史實。

《藝文類聚》引《義熙起居注》曰：「盧循新作八槽艦九枚，起四層，高十餘丈。」《宋書·武帝紀》在記述劉裕鎮壓盧循水軍時，曾記有：「循即日發巴陵，與道覆連旗而下，別有八槽艦九枚，起四層，高十二丈。」

船舶水密艙壁的首創者，應為晉代起義軍領袖之一的盧循。

◎ 發現水密艙壁

迄今，尚未發現晉代或晉代以前的艙壁實物，但卻發現有兩艘唐

代古船設置了水密艙壁。其一是江蘇如皋發現的唐代木船。該船長約
18 米，分成九個船艙，兩艙之間設有水密艙壁。船艙最長 2.86 米，
最短為 0.96 米。

　　其二，是在江蘇揚州施橋鎮發現的唐代木船。該船復原後的長度
約 24 米，共分為五個大艙。揚州施橋唐船結構堅實，製作精細，木板
之間的連接，榫頭和鐵釘並用，板縫處填以油灰，水密性良好。

　　八槽艦曾經從浙江沿海航行到廣東沿海，又從廣東沿海航行到今
北部灣以及今越南沿海。八槽艦為尖底、首尾翹起的海船船型。

◎ 水密艙壁技術與應用

　　由唐代到宋代，水密艙壁技術臻於成熟。在泉州灣出土的宋代海
船，設有十二道水密艙壁將船分成十三個貨艙。艙壁板厚 100 至 120

回到歷史現場 ●

孫恩盧循之亂
東晉末年，孫恩起兵推翻朝廷，三年後兵敗被殺，盧循繼承其志，
結果兵敗自殺。史稱這歷時十一年的民變為「孫恩盧循之亂」。
當盧循兵敗南下之際，一些部下留在香港大嶼山一帶，居於水邊
山洞，以打魚為生。傳說大嶼山「盧亭魚人」便是他們的後代。

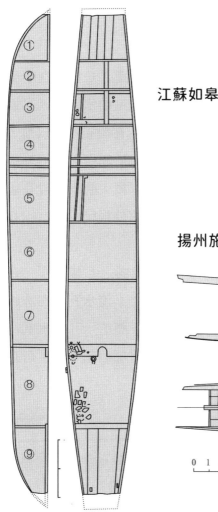

江蘇如皋發現的唐代木船

揚州施橋的古代木船

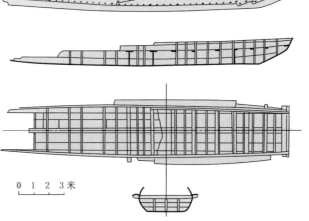

0 1 2 3 米

毫米，多用杉木，最下一列壁板用樟木。在宋代、元代以及其後出土的古船中，都有十分成熟的水密艙壁。

根據泉州灣宋代海船殘骸的測繪圖，如右頁上圖之 C 圖，在艙壁板與船體外板交接處，用周邊肋骨環圍，有利於艙壁的水密性，又能限制艙壁的位移。為此，如右頁上圖 A 及 B 所示，在船舶中部以前，肋骨均設在艙壁之後，限制艙壁不能向後位移；由於艙壁之前的外板趨於狹窄，便不能向前位移。同理，在船舶中部以後，肋骨均設在艙壁之前，限制艙壁不能向前位移，由於艙壁之後的外板變得狹窄，亦不能向後位移。

根據泉州灣宋代海船殘骸的測繪圖，如右頁上圖之 C 圖所示，在艙壁的最低點，即龍骨的上平面處有一圓孔，稱之為**流水孔**，在洗刷船艙時排出污水。當卸貨完畢後需要洗刷船艙時，將流水孔的木塞拔掉，當船舶稍有尾傾時，則各艙的污水自動流向尾部船艙，水手可在

泉州灣宋代海船的
出土現場

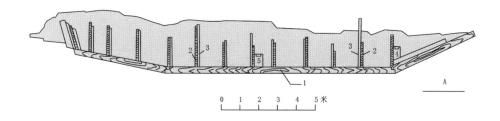

A

0 1 2 3 4 5 米

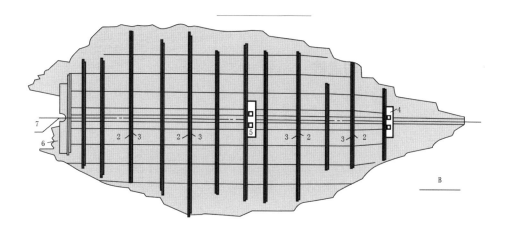

B

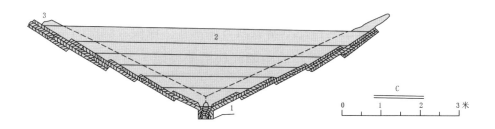

C

0 1 2 3 米

1.龍骨　2.船壁　3.肋骨　4.頭桅座　5.主桅座　6.舵杆承座　7.尾舵孔

泉州灣宋代海船殘骸的測繪圖

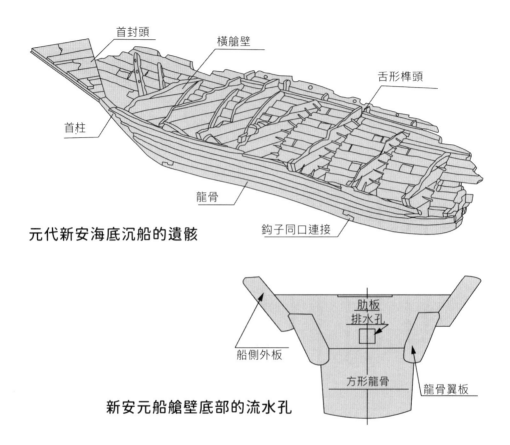

元代新安海底沉船的遺骸

首封頭　橫艙壁　舌形榫頭　首柱　龍骨　鉤子同口連接

新安元船艙壁底部的流水孔

肋板　排水孔　船側外板　方形龍骨　龍骨翼板

尾部船艙將污水汲出。再把木塞放回各流水孔，恢復各艙壁的水密性。

在韓國新安海底打撈到的中國元代海船殘骸，該船共七道艙壁，將船體分隔成八個船艙。

根據「蓬萊一號」明代古船 3 號及 5 號水密艙壁的測繪圖，可知明代的水密艙壁技術有所進步。其一，相鄰兩列艙壁板之間，用凹凸槽型板對接，確保相鄰兩列艙壁板不會變形。其二，相鄰兩列艙壁板之間鑲嵌有四塊方木榫，確保艙壁不會變形。5 號艙壁龍骨兩側左右

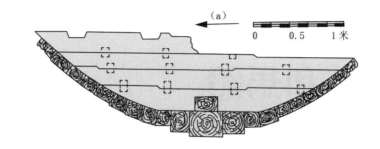

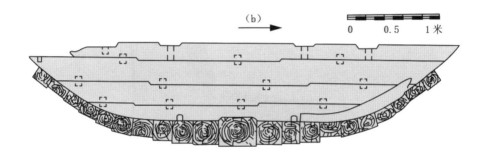

「蓬萊一號」古船的 3 號 (上) 及 5 號 (下) 艙壁測繪圖

第二列底板上方都有流水孔。

迄今所有出土中國古船的艙壁都開有流水孔。只要塞上木塞就是
水密艙壁。

中國發明的水密艙壁技術，具有三項重要作用：其一，即使某一
船艙因觸礁破損進水，可避免波及鄰艙，使船舶不易下沉；其二，船
殼板、甲板因有眾多艙壁支撐，使船體更堅固；其三，艙壁為船體提
供了堅固的結構，使桅杆與船體緊密連接。

發明 24

繫駕法和馬鐙

　　野馬多分佈於平坦開闊的草原，因此，生活在這裏的民族最早馴化了馬。位於哈薩克斯坦北部距今約五千五百年的波泰遺址中，發現了曾裝有馬奶的陶器，是目前已知最早馴化馬的遺跡。

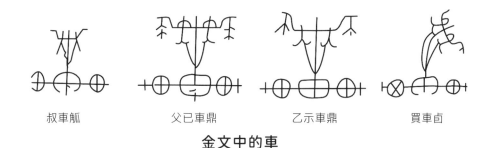

叔車觚　　　父已車鼎　　　乙示車鼎　　　買車卣

金文中的車

◎ 早期的繫駕法

農耕社會開始豢養和使用馬的年代稍晚。馬具的改進和新發明，擴闊了馬的使用範圍。繫駕法和馬鐙，便佔了重要的角色。

除騎乘之用外，家畜還是古代各種機械的驅動力。所謂繫駕法，便是使用輓具來控制一匹或幾匹家畜的牽引方法。輓具本身有許多部件，其結構以充分利用家畜力量為目的。

繫駕法的發展與車的構造關係密切。無論東方還是西方，最早的車都是獨輈車，即車與家畜之間僅用一根木桿連接，如使用超過一頭牲畜，則在木桿前端加裝衡和軛，分別控制家畜。戰國時期，車的載重量大，《**韓非子**》中有車輛載重為三十石這樣的類似記載，據推測，當時車輛載重可達一噸左右。

從商代到戰國時期，器物上以及金文中透露的車輛形象，往往看到連接獨輈與相當於軛的部位的斜線。通過復原秦始皇陵發現的銅車馬，可知這兩條斜線是繫在兩軛內側的靷繩，靷繩後端繫在車輿前的環上，再用一條粗繩索將此環與軸相連。儘管車的軛下仍有圈住每匹

長沙楚墓出土漆厄上的
雙轅馬車

馬頸的頸帶 (稱為「頸靼」)，但這僅用於防止馬脫軛，而不真正受力，因此不會影響馬的呼吸，依據受力的主要軛具來命名，可以稱為「**軛靷式繫駕法**」。

軛靷式繫駕法可以充分發揮馬力，戰車的體積、載重量及速度都極為可觀。如在平原以橫隊展開陣形衝向步兵，對方便難以抵禦。

春秋時期，戰車數量不斷上升，成為衡量諸侯國軍事實力的標準。但是，戰車不適於複雜地形。而且，駕駛戰車需要長期訓練，因此戰車漸趨衰落，到戰國中期以後，胡服騎射興起，戰車的重要性大大下降，而雙轅車興起，這亦引發了繫駕法的進化。

　　雙轅車很可能源自牛車，主要作為「平地載任」之具。戰國早期的陝西鳳翔墓葬中，發現了最早的雙轅牛車，而雙轅馬車最遲於戰國晚期出現，長沙楚墓出土漆卮上描繪的雙轅馬車，便是繫駕法演變初期的形態。從該車輓具可以看出，以前需兼顧多匹馬的複雜輓具已簡化，由於使用雙轅，馬的兩側須各置一根靷繩。到西漢時，兩靷已經擺脫軛的束縛，從前端相連為一整條繞過馬胸的胸帶。軛及附屬的頸靼則由受力部件退化為連接支撐部件。這種主要由胸帶受力的繫駕法可稱為「**胸帶式繫駕法**」。相比起軛靼式繫駕法，胸帶法更加簡便，馬所受的力也較輕。胸帶法的缺陷是車轅重心偏高，翻車概率較大，而且，弧狀車轅因難以用粗碩的木材製作，而顯得脆弱易折。

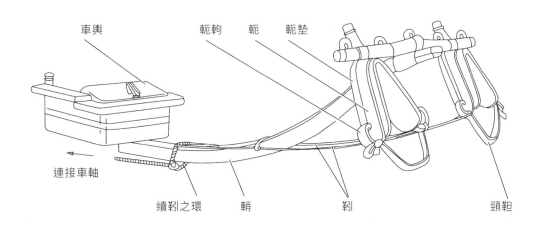

車輿　　　　軛靷　　軛　　軛墊

連接車軸　　←

續靼之環　　　鞘　　　　　靷　　　　頸靼

軛靼式繫駕法示意圖

◎ 鞍套式（或頸圈式）繫駕法

到東漢時期，從車轅中部到軛的末端，加裝兩根加固桿，以增強安全性，可是，這又使轅衡結構更複雜。另一缺陷，是胸帶法主要受力部位是馬胸，而非馬最強而有力的肩胛。因為胸帶法本源自牛車，牛的肩部隆起，其肩胛部貼近軛，容易發力，但馬的肩胛低於牛的肩峯。新的繫駕法克服了這兩個缺陷，從而發展出鞍套式繫駕法（或稱頸圈式繫駕法）。

約在兩漢之際，將轅端支點降低，嘗試減小車轅弧度。東漢肥城孝堂山下出土的一塊畫像石上的車，車衡呈「兀」字形，其兩端下垂，轅前部只需稍稍上昂，就能與其接上。但「兀」字衡仍嫌複雜，不易製作。所以，在武氏祠畫像中的輦車上，又出現一種對前者略加改進的「軛式衡」，車轅同樣向上昂起，但衡開始與軛合併，結構簡單，卻更結實。

到東漢末年至三國期間，車衡基本已被取消，車轅直接連在軛端。這時車轅幾乎已經成為沒有弧度的直桿，放平後，能夠減小向上的分力，馬的肩部更有效向前牽引。

軛除連接馬與車轅外，又可墊高馬肩。然而，軛容易滑脫，容易磨傷馬的皮膚。因此，開始出現以軟材料填充的肩套（或「頸帶」）。頸帶最早於漢末三國時期已經在四川出現，一些畫像磚中，馬頸有明顯粗狀的環形物圍繞。

魏晉時期，談玄風氣興起，高級牛車更受統治階層歡迎，而牛車不用肩套或頸帶。頸帶法於 6 世紀才開始在北方出現，從莫高窟北朝

漢代四川畫像磚上的馬車

晚唐《張議潮統軍出行圖》中的馬車

至唐代的不少壁畫裏，都能看到駕車之馬的頸部出現用軟材料填充的肩套，更充分利用馬肩胛部位的拉力。但此時肩套還是和軛配合使用。

直到宋代《清明上河圖》中，才出現一輛由四頭驢直接用肩套引曳的車。大約到南宋，出現馬上的馱鞍，這樣，趕車人更能保持車的平衡。鞍套式繫駕法避免軛磨傷馬，降低了支點，放平了車轅，充分利用馬的肩胛兩側。此法既保持行車穩定，又能增強馬拉車的力量。鞍套法一直沿用至今。

◎ 馬鐙的起源

馬鐙近似於半橢圓環狀，上方由皮革、鐵等有韌性的材料製成鐙

第 6 章　交通、運輸的發明

安陽孝民屯出土馬鐙　　　　遼寧北票北燕馮素弗墓出土馬鐙

環，下邊緣可以木或藤條為芯，外面包裹上鐵片或皮革，做成較寬的踏板。馬鐙一般成對垂於馬鞍之下，上馬時，騎者腳踏一側馬鐙跨上馬背。騎行時，雙腳穿過馬鐙，幫助穩定身體。疾馳時，騎者甚至不必坐在馬鞍上，而僅僅站在馬鐙之上。

對於草原上的牧民，馬鐙很有用，但不是必需品。他們自幼與馬為伴，沒有馬鐙和馬鞍也能以一手拉馬韁繩，一手按馬背嫻熟地躍身上馬，用腿夾緊馬身便可保持穩定。但是，在接觸馬匹較少的農耕社會，馬鐙幾乎是不可或缺的用具。

迄今最早的馬鐙實物或圖像，皆為繫於馬一側的單鐙。年代最早的可能是甘肅武威出土的一件鐵馬鐙，但該器已成殘件。在長砂金盆嶺晉代墓葬（年代為 302 年）中出土的騎馬陶俑上，可以看到馬的左側畫有馬鐙，但騎者足不踏鐙。另外，在安陽孝民屯墓也發現了一件

鎦金馬鐙，該鐙也位於馬的左側，其年代為 4 世紀初至 4 世紀中葉。

漢代以後，鞍橋（馬鞍前後拱起如橋的部分）逐漸升高，並且後鞍橋往往高於前鞍橋，增加了上馬的難度。另一方面，東漢至三國時期，原居於東北地區，擅長鞍馬弓矢的烏桓民族向南遷移，其騎兵甚至一度到達過荊楚、交廣地區。他們馴養的馬匹也大量進入中原，這亦促進了馬鐙的發展。

馬鐙結構簡單，製作方便，容易為人接受。而且人們很快發現，用腳踏馬鐙能有效提高騎行時的穩定，因此，在馬的另一側也裝上馬鐙，由單鐙發展為雙鐙，由輔助上馬，發展為穩定騎行的功能。與前述發現年代相去不遠的南京王氏家族墓地（墓主人王廙亡於 322 年）中，發現佩有雙鐙的騎馬俑。

◎ 馬鐙的傳播

馬鐙很快傳播到東北地區。在遼寧朝陽十二台鄉等一些年代約為 4 世紀早期的墓葬中，在整套馬具中還只發現一件馬鐙，而同一地區年代稍晚的墓葬中，已發現成對的馬鐙。

馬鐙向西北方向的傳播，大致可分為兩個階段。首先隨着鮮卑民族向西北遷移，馬鐙也開始進入中亞地區。這裏發現的早期馬鐙，多呈現為鐙環與鐙穿相聯通的「8」字形，也即鐙環繫一整根金屬條彎折而成，可能是草原民族因地制宜。

突厥人把馬鐙的傳播推向第二階段。突厥人以擅長冶鐵著稱，他們使用的馬鐙用了新式的圭首穿式，這種馬鐙在中國到中亞，幾乎同

河南洛陽出土西漢射鹿圖像石

時於 6 世紀出現，它有可能是隨突厥人向西擴張而傳播。

根據壁畫及錢幣裏的騎士形象，可知波斯人使用馬鐙約始於 6 世紀。而居於南俄草原的阿瓦爾人學會使用馬鐙後，組織騎兵向拜佔庭及東歐地區進發。為應對入侵，拜佔庭皇帝莫里斯命令帝國騎兵須裝備馬鞍及兩塊馬鐙，這樣，馬鐙就傳入了地中海東部沿岸地區。而歐洲最早的馬鐙實物是在匈牙利發現，年代不晚於 7 世紀。隨後於 8 世紀，馬鐙開始在歐洲廣泛使用。

◎ 馬鐙與騎兵的發展

在古代，騎兵在野戰中的戰鬥力遠高於步兵，緣於不凡的機動性和正面突擊時的震撼力。馬鐙使騎兵的發展進入一個新的階段。

馬鐙出現前，如果馬匹突然向前衝擊，騎者容易被拋落馬下，因

唐李邕墓胡人打馬
球圖壁畫

此，這時匈奴騎兵常用迂迴包抄的戰術，以弓箭射擊敵人，盡量避免
與對方直接搏鬥。同時，由於騎者的下肢主要用來保持穩定，騎姿受
到限制，如果使用長矛，只能運用肩膀和上臂的力量向前刺殺。

使用馬鐙後，騎者更易控制和馴服馬匹，騎行時更加舒適省力。
人與馬緊密結合，騎兵既可在行進時立於馬鐙上發射箭矢，也可在馬
上揮舞刀劍左右砍殺，甚至向對方衝鋒。在中世紀，裝備甲冑的重騎
兵幾乎相當於現代的坦克，利用其速度和重量來碾壓步兵方陣。

發明 25

指南針

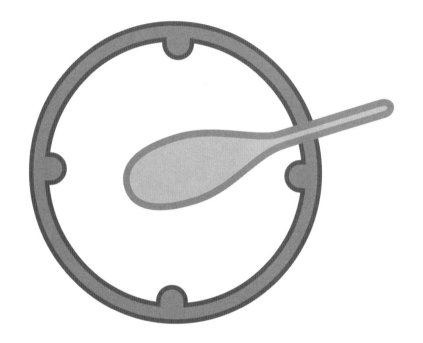

　　司南和指南車，兩者一直在學術界存有爭論，尤其司南。一般認為，前者是磁性指向器，依靠天然的磁力；後者是機械指向器，遵從機械力學，依靠齒輪系統，需要人手操控。從漢以降，不少典籍或將「司南」寫成「南車」，或將「指南車」寫成「司南」。

◎ 司南的運作原理

司南是指南針的原始形式。將一根長條形磁棒加工為勺子形狀，任由其在自由狀態下大約依南北方向靜止。東漢**王充**在其著作《論衡·是應》中寫道：「故夫屈軼之草，或時無有而空言生，或時實有而虛言能指。假令能指，或時草性見人而動。古者質樸，見草之動，則言能指。能指則言指佞人。司南之杓，投之於地，其柢指南。魚肉之蟲，集地北行，夫蟲之性然也。今草能指，亦天性也。」

這段文字述及三物：「屈軼之草」「司南」「魚肉之蟲」，都具有共同的方向性。草見人會動，人言「能指」；蟲「集地北行」；司南「其柢指南」。三者都自然地有方向性。司南的長條形磁鐵，也是如此。「司南之杓」，今人或稱其為「磁勺」。

早在戰國末期《**韓非子·有度**》中，已有相關記述：「**夫人臣之侵其主也，如地形焉，即漸以往，使人主失端，東西易面而不自知。故先王立司南以端朝夕。**」

此「司南」與王充所述「司南」是一個事物。所謂「端朝夕」，即「正」東西方向，分辨東西方向。在王充生活之前二百年，人們已發現磁鐵的指極性。漢代淮南王劉安的門客曾撰《淮南萬畢術》。該書雖已佚，但宋代李昉編《太平御覽》中多有摘抄。其中有：「**磁石懸入井，亡人自歸。取亡人衣帶，裹磁石，懸井中，亡人自歸。**」

李時珍《本草綱目》卷一〇《石部》也引述以上文字，但將「亡人」寫為「逃人」。《太平御覽》的《四庫全書》本，將「懸井中」寫為「懸家中」。清代還有些輯本寫為「懸室中」。這些文字中的「亡人」「逃

人」是指離家走失的人，或外出迷路的人。長條形磁石自由懸吊時，其靜止必定在南北方向，因此懸室中、懸家中效果相同。

◎ 古代指南針

指南針，初始時就是一根被磁感應的鋼針或縫紉針。它的尖端可能是 N 極，故而指南；也可能是 S 極，故而指北。傳統歷來崇尚「坐北朝南」。因此，無論指南或指北的針統稱其為「指南針」。磁感應現象見於蕭梁朝陶弘景的**《名醫別錄》**：「**（磁石）今南方亦有好者，能懸吸針，虛連三四（針）為佳。**」

活躍於唐高宗顯慶年間的蘇恭在其《唐本草注》中亦寫道：「**（磁石）初破好者能連十針，一斤鐵刀亦被回轉。**」

鋼針被磁石吸引，變成了磁體。這種現象稱為磁感應。本草藥物

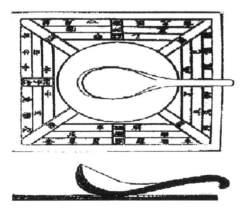

王振鐸復原司南繪圖

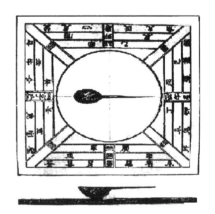

直柄勺的司南復原圖

古代繪畫中的曲線弧形勺

學家以磁石入藥。用藥前，需判斷磁石的真偽及優劣，因而不斷發現磁感應現象。在此基礎上，將磁化鋼針置於光滑的台面上，或放入水面，或在其重心處將其懸吊，當鋼針靜止時，其針鋒或指南或指北，於是指南針就誕生了。但是，邁出這一步卻經歷了二百年時間。

在蘇恭之後約二百年，晚唐段成式在其著《**酉陽雜俎**》中記載了磁石、鋼針和浮針。《**酉陽雜俎續集**》記有：「**步觸珠幡響，吟窺鉢水澄**」「**勇帶磁針石，危防丘井藤**」「**有松堪繫馬，遇鉢更投針**」，晚唐磁石、鋼針是旅行必攜品。即使臨時以磁石磨針，針即感應而有磁性。以此針投置鉢水面，便知南北方向。雖字句內未涉「指南」「指北」字樣，但將針放入鉢水中，可以在荒丘廢墟之地辨認方向（「危防丘井藤」）。這是在旅行中應用指南針的描述。「勇帶」二字表明，指南針大概問世不久。這些文字中尚未涉及方位盤。

在段成式卒後約一百五十年，也即宋代初期，相關知識突然爆炸，有關羅盤或指南針的諸多文獻幾乎同時產生。

第 6 章　交通、運輸的發明

◎ 風水師與羅盤

天文學家、占卜家楊惟德於慶曆元年撰相墓書《瑩原總錄》中說：

「客主取的，宜匡四正以無差，當取丙午針，於其正處，中而格之，取方直之正也。……故取丙午壬子之間是天地中，得南北之正也。」

這段文字說的是風水師用羅盤確定地理南北方向的方法。

丙午、壬子是方位盤上標示方向的文字。這個方位盤很可能是占卜家使用了上千年的地盤。磁針與方位盤合用，可說是磁羅盤或簡稱羅盤了。楊惟德長期官於司天監，曾是**超新星**的觀察者和記錄者，晚年又從事相墓風水。幾與楊惟德同時，堪輿師王伋寫下一首《針法詩》：

「虛危之間針路明，南方張度上三乘。坎離正位人不識，差卻毫厘斷不靈。」

此詩見《古今圖書集成 · 藝術典》卷六五五《堪輿部 · 彙考五》

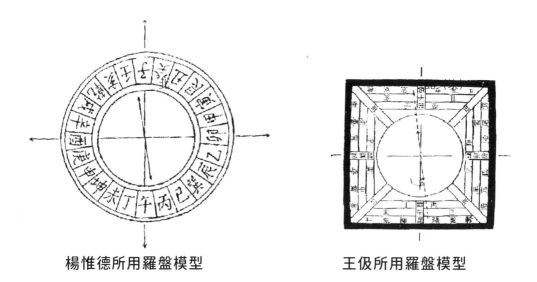

楊惟德所用羅盤模型　　　　　　王伋所用羅盤模型

所引之《管氏地理指蒙‧釋中》。王伋為該書作注。詩中所用羅盤及其方向文字如「虛」「危」「張」，均是以**星宿名**表示，虛為正北，危為虛之偏西，張為正南偏東一宿名。「坎」與「離」是八卦表示的正子 (正北) 和正午 (正南) 之方向。

◎ 羅盤知識大爆炸

宋初羅盤與指南針知識大爆炸的另一個證據，是兵家曾公亮的著作《武經總要前集》一書，其中記載了另一種指南針的製作方法。他稱它為「指南魚」。將一片剪成魚形的鐵片加熱至紅赤狀，然後順地理南北向將其淬火。冷卻後，此鐵片就成了具有磁性的「指南魚」。除用磁鐵感應鋼針製成指南針外，還可以用地磁場感應鋼鐵而製成指南針。

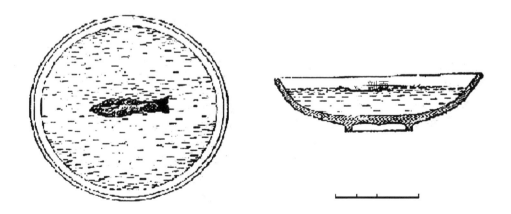

王振鐸繪，曾公亮所造指南魚及其水浮法

在有關指南針、羅盤的知識爆炸之後約五十年，宋代科學家沈括在其著作《夢溪筆談》中記載指南針的製造、安裝方法和磁偏角：「方家以磁石磨針鋒，則能指南，然常微偏東，不全南也。水浮多蕩搖，指爪及碗唇上皆可為之，運轉尤速，但堅滑易墜，不若縷懸為最善。其法：取新纊中獨繭縷，以芥子許蠟，綴於針腰，無風處懸之，則針常指南。其中有磨而指北者，予家指南、北者皆有之。」

這段文字不僅述及磁針 (尖) 指南、北者皆有，且敍述了四種指南針安裝法：水浮、置指甲或瓷碗邊緣，用線繩懸吊。

水浮法是「以針橫貫燈心，浮水上」(寇宗奭《本草衍義》卷五《磁石》)，而縷懸法在 18 世紀為歐洲人製造儀器所採用。

江西臨川宋墓出土的「張仙人瓷俑」，其右手持一豎立羅盤，磁針、裝針之樞及羅盤刻畫分度清晰可見，該墓主朱濟南卒於慶元三年（1197 年），葬於慶元四年（1198 年）。可見 12 世紀晚期旱羅盤在風水師手中是常物。

與旱羅盤問世的時間相當或更早，指南針的製造又有創新。陳元靚《事林廣記》癸集卷一〇《神仙幻術》中記載，將一塊長條形磁鐵裝入事先雕刻好的木魚或木龜腹內，就可以做成一種新式指南魚或指南龜。前者可用於水羅盤，後者可用於旱羅盤中。

◎ 航海羅盤的發展

如前所述，指南針放在方位盤 (也即刻度盤) 中就成為羅盤。方位盤有其自身的發展史。秦漢時期占卜家所用的地盤，也是占卜家長期

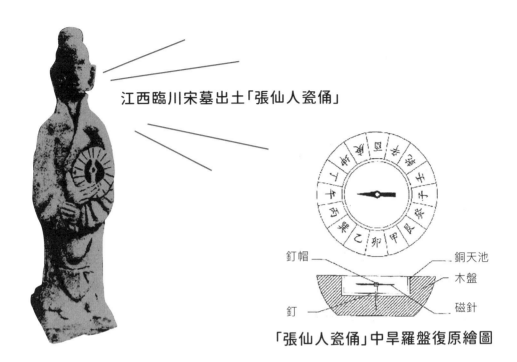

江西臨川宋墓出土「張仙人瓷俑」

釘帽　　　　　　　　　　　　　　銅天池
　　　　　　　　　　　　　　　　　木盤
釘　　　　　　　　　　　　　　　　磁針

「張仙人瓷俑」中旱羅盤復原繪圖

使用的方位盤。如在其中央圓所在處裝設一個可盛水的圓池，它就成了水羅盤。但是，早期方位盤大多為方形，觀察磁針指向略有不便。方位盤從方形轉變為圓形，大約是在 10 世紀中後期。

　　宋初，兵家許洞於景德元年撰成《虎鈐經》一書，繪有以八卦指示方向的正方形方位盤，也繪有以十二地支指示方向的圓形方位盤。該內容採自隋唐典籍，因此，圓形方位盤或是來自唐代民間的兵家或堪輿家之流。

　　由十二向（地支）的羅盤發展為二十四向，肯定是堪輿家的功勞。他們以十二地支、八天干（甲乙丙丁庚辛壬癸）和四卦象（乾坤巽艮，又稱四維）合成二十四方向，每向為 15 度。堪輿家的羅盤逐漸變得複

雜，見於《九天玄女青囊海角經》一書所繪《浮針方氣之圖》，是由
兩宋堪輿家累代添加集合而成的一個羅盤。這個羅盤從裏到外由五個
圓環組成：內空白圓者是用於浮針的水池；第二環為十二向，即八天
干和四維合成十二向；第三環也是十二向，是以十二地支表示的，它
與先前許洞繪圓形羅盤一致；第四、五環都是二十四向，是由第二、
三環疊合而成的。

　　這個羅盤很可能是早期羅盤發展史的寫照。其中第四、第五環相
差 7.5 度，它可能又是北宋京都磁偏角的遺跡。此後，堪輿羅盤更為
複雜以至神祕，它成了堪輿風水說教的「天書」。

　　航海用羅盤簡潔明瞭，清晰可見。有意思的是，除了借用堪輿羅

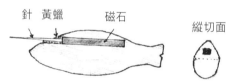

陳元靚的木刻指南魚示意圖

許洞繪八卦方形羅盤（左）
和十二地支圓形羅盤（右）

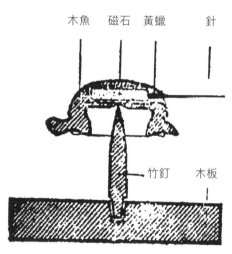

陳元靚的木刻指南龜

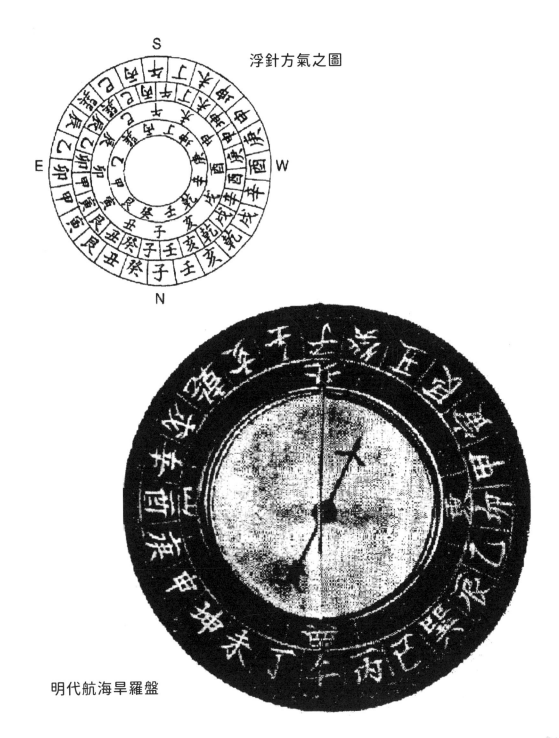

浮針方氣之圖

明代航海旱羅盤

盤外，航海早期可能用過瓷器碗、盤作為羅盤。或在盤內底釉繪羅盤刻度和放針位置；或在碗內底釉刻燈草浮針圖，外底釉書「針」字。後者的碗口套接一個標有方位的紙板或薄木板就成了浮針羅盤。

　　航海用羅盤的最早文字記載見之於朱彧所撰**《萍洲可談》**一書。書中描述了廣州蕃坊市舶之事。航海用羅盤早在 11 世紀晚期已出現，與沈括在《夢溪筆談》中記述磁針四種安裝法大約同時。此後，航海用羅盤導向屢見於文獻。南宋吳自牧在其著**《夢粱錄》**中記述：「**頃刻大雨如注，風浪掀天，可畏尤甚。但海洋近山礁則水淺，撞礁必壞船。全憑指南針，或有少差，即葬魚腹。**」

　　文中的「指南針」皆指「羅盤」。在古代典籍中，也稱為「地螺」「羅鏡」「羅星」等，在堪輿家中或稱其為「宅鏡」「宅錦」。

　　元代，海漕運發達，航路上各地點的羅盤指向，會一一標示於航

明代航海水羅盤

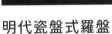

明代瓷盤式羅盤

瓷盤中心釉繪羅盤的放大示意圖

海圖簿之中,從而湧現出《海道經》一類的航海圖。周達觀奉命出使真臘(今柬埔寨),寫下了《真臘風土記》一書。書中詳細記述了從溫州出發至真臘的航海之路。

有關磁針和羅盤的知識,相信是由阿拉伯人從中國傳至歐洲。

第 7 章

火器、醫療的發明

發明 26

火藥

　　火藥即黑火藥，又稱有煙火藥。火藥以硝石、硫黃、木炭或其他可燃物為主要成分，因硝石、硫黃等在中國古代都當成藥物，混合後易點火並猛烈燃燒，故稱為火藥。

◎ 火藥的成分

硝石，即硝酸鉀，屬強氧化劑，遇有機物易燃易爆炸。黑火藥因含有硝酸鉀，燃燒時不需從空氣中獲取氧氣，而從硝酸鉀所釋放的氧氣燃燒，再與木炭、硫黃等可燃劑產生激烈的氧化還原反應，釋放大量熱量。

硫黃，是火藥能夠爆炸的重要角色。在黑火藥組成中，硫黃是燃燒劑，亦是黏合劑與催化劑，能降低火藥的燃點。

炭，在火藥中作為燃燒劑，相當於黑火藥中的燃料，黑火藥的燃燒反應主要是炭被氧化。

在火藥發明的過程中，中國古代醫藥學家和煉丹家關係密切。他們用硝石和硫黃煉製長生不老的丹藥，在過程中發現了硫黃、硝石等丹方可以燃燒爆炸，至遲在唐憲宗元和三年 (808 年) 前，已經煉製了含硝、硫、炭的原始火藥。

◎ 始於長生不老藥

早在春秋戰國時代，煉丹家就已使用硝石和硫黃煉製長生不老的丹藥。中國最早的藥物典籍 **《神農本草經》**，將硝石列為一百二十種上品藥中的第六種，硫黃列為一百二十種中品藥中的第二種。

東晉的葛洪在《抱朴子·仙藥》篇中，記載了用硝石、玄胴腸、松脂三物合煉雄黃的實驗。經實驗證明：硝石量小，三物煉雄黃能得到砒霜及單質砷；硝石比例大，猛火加熱，能發生爆炸。

　　南朝齊梁時的陶弘景，在《神農本草經集注》中記載，進行過硝石燃燒後有紫青色火焰升起的實驗。

　　隋末唐初醫學家、煉丹家孫思邈所撰《孫真人丹經》（錄入《諸家神品丹法》），記載有「伏火硫黃法」：「硫黃、硝石各二兩，令研，右用銷銀鍋或砂罐子，入上件藥在內，掘一地坑，放鍋子在坑內，與地平，四面卻以土填實，將皂角子不蛀者三個燒令存性，以鈐逐個入之，候出盡焰，即就口上着生熟炭三斤，簇煅之，候炭消三分之一，即去餘火不用，冷取之，即伏火矣。」

　　「伏火硫黃法」描繪的已是含硫黃、硝石和炭（皂角子）的混合物，但逐次加入皂角子，燃燒的速度和烈度有限。

　　唐元和三年（808 年）煉丹家清虛子所著《太上聖祖金丹祕訣》（選入《鉛汞甲庚至寶集成》）記載「伏火礬法」：「硫二兩，硝二兩，馬兜鈴三錢半，右為末拌勻，掘坑入藥於罐內，與地平，將熟火一塊彈子大，下放裏面，煙漸起，以濕紙四五重蓋，用方磚兩片捺，以土塚之，候冷取出其硫黃。」

　　「伏火礬法」將含炭物質馬兜鈴與同等量的硫黃、硝石均勻拌和，已是火藥的雛形。

　　中唐以後，煉丹家在著作中明確記載，將硝、硫、炭合煉，將引發火災，甚至燒毀房屋。《真元妙道要略》記載「硝石伏火法」：「有以硫黃、雄黃合硝石並蜜燒之，焰起燒手、面及燼屋舍者……硝石宜佐諸藥，多則敗藥，生者不可合三黃等燒，立見禍事。」

　　煉丹家用硝、硫、炭三種原料煉製丹藥，設法防止猛烈燃燒，反而無意中煉成了原始的火藥。歷代兵家都知曉《**孫子**》第十二篇的火

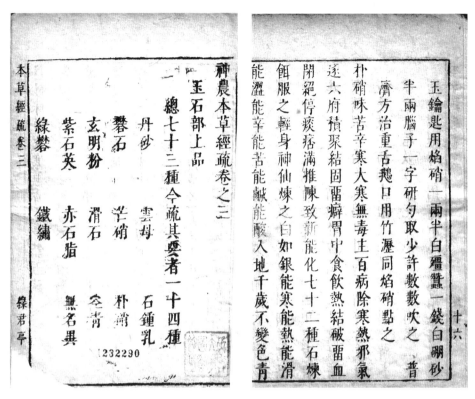

朴硝列玉石部上品之六書影　　　朴硝正文書影

攻之法，但在燃燒爆炸威力更大的火藥發明之前，火攻是在箭鏃部位縛上易燃物，點燃後用弓弩射擊，以燒毀對方木製的防禦工事、武器裝備和糧草給養。

◎ 火器出現

火藥用於軍事目的，從北宋時開始。宋仁宗慶曆四年（1044年），

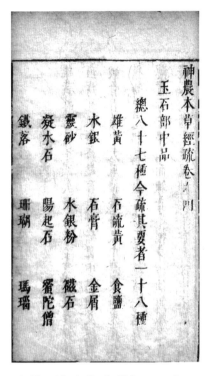

硫黃列《神農本草》玉石部
中品之二書影

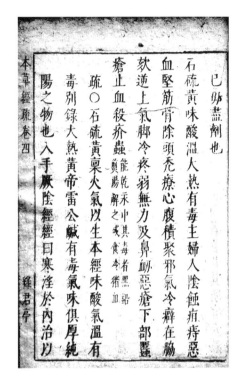

《本草經疏》記錄硫黃正文書影

由當時翰林學士、禮部侍郎、樞密使曾公亮領銜，具體由翰林學士、工部侍郎、樞密副使丁度領導主編，宋仁宗親自作序，編成一部軍事巨著**《武經總要》**，記載了三個軍用火藥配方：火球火藥方、蒺藜火球火藥方、毒藥煙球火藥方。

三個火藥配方以硝石、硫黃和木炭為主，加入其他成分，可以產生燃燒、發煙和放毒等效果，具有適合作戰的殺傷力和破壞力。與傳統的縱火油脂火箭相比，製成膏狀火藥火球，外包麻紙、松脂和黃蠟

諸家神品丹法

黃三官人伏硫黃法

硫黃礬石白南礬各四兩生姜自然汁半碗磨刀水半碗將此水澆皂角五定取汁半碗化前三味藥成汁如稀相似以鐵器於火上煎乾為末括取末作圓養三七日

卷五

九

伏火硫黃法

硫黃硝石各二兩令研右用銷銀鍋或砂罐子入上件藥在內搖一地坑放鍋子在坑內與地平四面却以土填實將皂角子不蛀者三箇燒令存性以鈐逐箇入之候出盡焰即

伏火硫黃法書影

鉛汞甲庚至實集成

伏火礬法

硫二兩　硝二兩　馬兜鈴三錢半右為末拌勻掘坑入藥於罐內與地平將熟火一塊彈子大下放裏面煙漸起以濕紙四五重蓋用方磚兩片捺以土塚之候冷取出其硫黃住每白礬三兩入伏火硫黃二兩為

伏火礬法書影

等易燃物，用火烙錐烙透點燃，用拋石機拋射至敵軍營陣，不容易熄滅。

北宋在開封設有「火藥窯子作」，專門生產火藥。北宋末至南宋初，已研製出硝石含量高的粒狀火藥，它提高了火藥的發射力和爆炸力，並能作為發射藥，製造出新型火器。粒狀火藥的優點是接近即時爆炸。

與宋代火藥相比，元代火藥硝的含量明顯增加，並剔除了各種雜質，是性能較好的粒狀發射火藥。另據南宋周密《癸辛雜識前集·炮禍》記載，至元十七年（1280 年），揚州彈藥庫發生爆炸，威力巨大。原文題：「**諸炮並發，大聲如山崩海嘯……遠至百里外，屋瓦皆震……**

真元妙道要略

有以水火鼎燒赤白二礬柳根號玄牝者
有以曾青空青結水銀燒伏火號真金者
有以硫黃雄黃合硝石并蜜燒之焰起燒手面及爐屋舍者
有以水火漏鑪櫃九徧燒水銀青砂子號九轉七返靈砂者
有合燒雄黃雌黃號為知雄守雌之道者
有以鍊黑鉛一斤取銀一銖號知白守黑神

即軟成物又伏火硇砂雖能軟物亦能燋爛物少即引助四黃多則傷敗五金可將伏火硇一豆於銅片上燒三徧其銅即燋黑此為驗也
凡砒霜砒黃水銀粉霜等多伴死伏諸三黃但得好櫃即永伏悉有立可變化五金之功唯硝石伏火不能獨化五金石硫黃宜服養諸藥硝石宜佐諸藥多則敗藥生者不可合三黃等燒立見禍事凡硝石伏火了赤炭火

硝石伏火法書影

事定按視，則守兵百人皆糜碎無餘，楹棟悉寸裂，或為炮風扇至十餘里外。平地皆成坑谷，至深丈餘。四比居民二百餘家，悉罹奇禍。」

這起爆炸事故起因於加工硫黃時，引起火花，火苗快速燃燒，蔓延至彈藥庫，引起猛烈爆炸。這足以說明，元初火藥的威力已非北宋時可比。

明洪武十七年（1384 年），在內府內官監設火藥作，專門為火銃製造發射火藥；二十八年，設兵仗局，專門製造各種火銃與發射火藥。

明初的火藥配方明顯提高了硝的含量。明初焦玉所著《火龍經》記載的火藥方，硝含量最高達到九成以上。

右以晉州硫黃窩黃焰硝同擣羅硫黃定粉黃丹同研

松脂十四兩

黃蠟半兩　濃油一分

定粉一兩　清油一分

麻茹一兩　乾漆一兩　竹茹一兩　黃丹一兩　桐油半兩

晉州硫黃十四兩　窩黃七兩　砒黃一兩　焰硝二斤半

火藥法

右隨砲預備用以蓋覆及防火箭

邊一領　钁三具　火索一十條

土布袋一十五條　界線常一十條　钁三具

麻搭四具　小水桶二隻　郎筒四箇　鍬三具

火球火藥配方書影

右引火毬以紙為毬內實塼石脣可重三五斤燃黃蠟

瀝青炭末為泥周塗其物貫以麻繩九將放火毬只

光放此毬以毬以準遠近

蒺藜大毬以三枝六首鐵刃以火藥團之中貫麻繩長

一丈二尺外以紙并雜藥傅之又施鐵蒺藜八枚各

有逆鬚旁貼竹火鷂透令焰出

鐵觜火鷂木身鐵觜束稈草為尾入火藥於尾內糊紙

竹火鷂編竹為疎眼籠腹大口狹形微傴長外糊紙數

蒺藜火球火藥配方書影

　　明中期後，火藥配方硝、硫、炭的比例逐漸與近代各國通用黑火藥的配方相近，在明代兵書《武編》《紀效新書》《神器譜》《兵錄》《武備志》中都有記載。

　　明中期後，開始製作成細而均勻的顆粒狀火藥，進一步改進火藥的燃燒、爆炸性能。例如趙士楨**《神器譜》**就強調火藥的顆粒要細而均勻：「上粗大者不用，下細者不用，止取如粟米一般者入銃。」

　　從宋代到明代，火藥配方中硝的含量逐漸增加，其燃燒速度也不斷增加，爆炸力增強，殘渣減少。相反，由於硫會吸收大量熱量，使黑火藥不易燃燒，在火藥配方中，硫的含量卻逐漸減少。

明初火藥配方書影

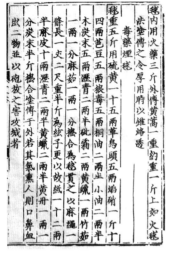

毒藥煙球火藥配方書影

◎ 火藥技術的西傳

從北宋《武經總要》記載三個軍用火藥方，到蒙古騎兵發動第三次西征，火藥與火器的研製和傳播過程，持續了二百餘年。

首先由北宋發明，然後傳到遼，再由南宋傳到金，接着由金傳到蒙古，再由蒙古傳到阿拉伯和歐洲地區。在火藥和火器的傳播過程中，除正常的海陸貿易和人員交流外，戰爭本身起到了非常重要的作用。在戰爭中，隨着城池陷落，包括火藥和火器在內的軍需物資，連同製造火藥、火器的工場和工匠，以及善於使用火器作戰的軍官和士兵在內，常被對方擄獲，火藥和火器技術也隨之外傳。為爭奪軍事技術優勢，各方不斷仿造和改進，進一步加速了火藥和火器的傳播和改進。

早在南宋時期，阿拉伯人通過貿易往來，就已經獲得了有關火藥

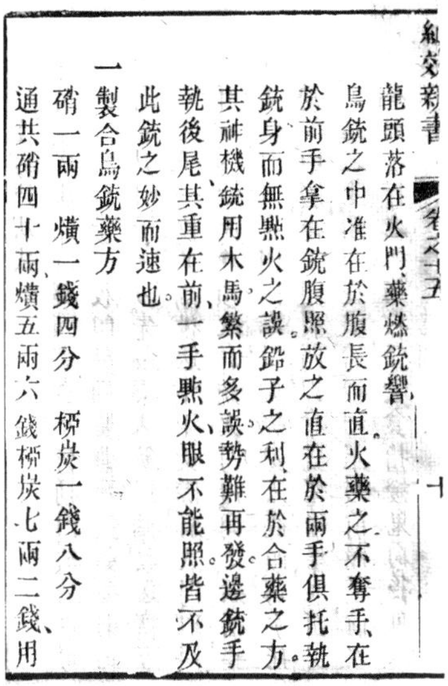

龍頭落在火門藥燃銃響

鳥銃之中准在於腹長而直火藥之不奪手在

於前手拿在銃腹照放之直在於兩手俱托銃

銃身而無點火之誤銃子之利在於合藥之方

其神機銃用木馬繁而多誤勢難再發遇銃手

執後尾其重在前一手點火眼不能照皆不及

此銃之妙而速也

一製合鳥銃藥方

硝一兩 燐一錢四分 柳炭一錢八分

通共硝四十兩燐五兩六錢柳炭七兩二錢用

明中葉鳥銃火藥配方書影

的知識，當時稱硝石為「**中國雪**」。

隨着蒙古騎兵大規模西征，中國發明的火藥和火器技術進一步傳入阿拉伯地區。大約在 1280 年，用阿拉伯文撰寫的《馬術與戰爭策略大全》，便記載有火藥方「飛火」「中國箭」「中國火輪」「契丹花」等。

發明 27

火箭與火銃

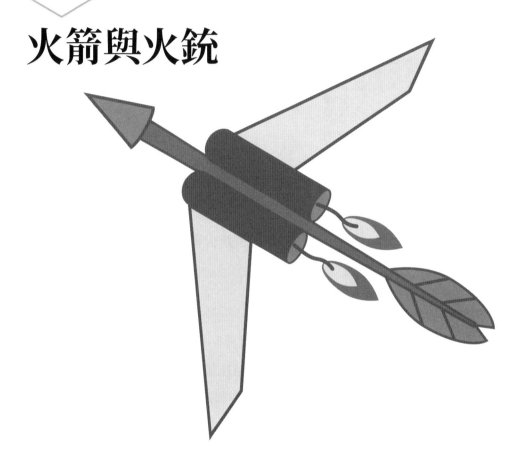

　　火器是利用火藥的化學能產生爆炸、燃燒進而殺傷敵人的武器，其破壞力及殺傷力遠遠超過刀劍等冷兵器。黑火藥含有氧化劑（硝酸鉀），不需要從空氣中獲取氧，而由硝酸鉀釋放氧氣，並與碳、硫等可燃劑發生激烈的氧化還原反應，釋放龐大熱量。

◎ 最早的火藥武器

至遲在唐憲宗元和三年 (808 年) 前，人們已煉製成含硝、硫、碳的原始火藥，在北宋仁宗慶曆四年 (1044年) 前，人們發明了軍用火藥。火藥發明後，各種火器應運而生。從北宋至明代中葉，火箭、火球、火槍、銅火銃、鐵管火炮等大批火器相繼問世，火器在戰爭中的作用和地位日益上升。從 10 世紀開始，冷兵器與火器並用於作戰。

「**飛火**」是最早使用火藥製造的武器。在宋人路振所著的《九國志》中，就有關於使用飛火的記載。「飛火」應是用弩機發射的**火藥箭**。

火藥箭與火箭原理不同。古代**火箭**，是在普通的箭桿上綁縛一個黑火藥筒，發射時，用藥線引燃火藥，火藥燃燒產生氣體，從尾部噴出，產生**反作用力**，推動箭桿飛行，射向預定目標。

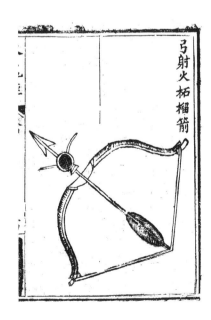

弓射火柘榴箭

火藥箭圖

◎ 弓弩發射的火藥箭

　　北宋初已發明火藥箭。這類火藥箭，尚屬於初級火器，並非利用火藥燃燒噴氣推進的火箭，而是將火藥包綁在箭首，點燃火藥包外殼後，用弓弩發射，火藥引燃後，可縱火攻敵。北宋慶曆年間編纂的兵書《武經總要》具體描繪了早期火藥箭的形制：「**如短兵放火藥箭，則如樺皮羽，以火藥五兩貫鏃後，燔而發之。**」「**火箭，施火藥於箭首，弓弩通用之，其傅藥輕重，以弓力為準。**」

　　這些用弓弩發射的火藥箭，與以往使用艾草、油脂、松脂等燃燒物的火箭不同，但尚未使用火捻，施放時需先點燃火藥包的外殼，射中目標後，待引燃火藥包內的火藥，然後引起猛烈的燃燒。《武經總要》還描繪了火藥鞭箭的圖像，火藥包綁縛在箭桿頭部附近。

◎ 反作用力火箭

　　南宋時發明了反作用力火箭。據南宋楊萬里所著《誠齋集》記載，紹興三十一年，金軍渡過長江，與南宋水軍戰於采石（今安徽馬鞍山市東岸），宋軍發射「霹靂炮」，擾亂金兵：「**舟中忽發一霹靂炮。蓋以紙為之，而實之以石灰、硫黃。炮自空而下落水中，硫黃得水而火作，自水跳出，其聲如雷。紙裂而石灰散為煙霧，迷其人馬之目，人物不相見。**」

　　這種炮利用火藥噴火的反作用力將其送入空中，實際上是一種軍用火箭彈。

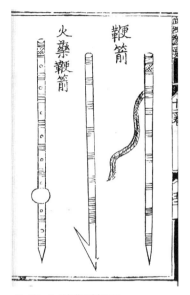

北宋火藥鞭箭圖

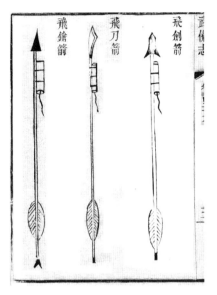

《武備志》載飛槍箭、飛刀箭、飛劍箭圖

　　元代已經淘汰了低效的火藥箭，直接使用反作用力火箭作戰。據明抄本元末火器專著《克敵武略熒惑神機》卷三《遠攻火器》篇記載，元代的單飛大頭箭，使用巨大的火藥筒點燃發射，可發射飛槍、飛刀與飛劍，射穿敵軍人馬。火藥筒長 22 厘米、直徑 6.2 厘米，筒內裝有兩層火藥，中間用藥線相連，下層藥線外漏，總重 1.19 千克。明代《武備志》卷一二六補繪了飛槍、飛刀、飛劍三種火箭的圖像。

　　明代的單發火箭，顯然屬於利用火藥燃燒產生的反作用力的火箭，且在《武備志》中有圖文並茂的描繪。其製法是以火藥筒做動力裝置，火藥筒帶引線，以箭桿作箭身，以箭頭為戰鬥部分，並塗毒藥，射程可達五百步 (約合 775 米，明代 1 步等於 1.55 米)。《武備志》明確

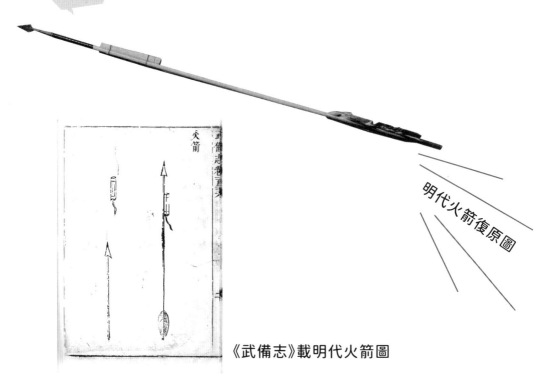

明代火箭復原圖

《武備志》載明代火箭圖

記載，在製作火箭時，關鍵在於火藥包的線眼加工，線眼之正直和深淺與否直接影響火藥推力與箭桿飛行軌跡。

元代和明代還相繼發明多火藥筒並聯火箭、有翼火箭、多級火箭、多發齊射火箭，用火箭筒、火箭櫃定向齊射，大大提高了火箭的殺傷力和射程。

例如，「**火龍出水**」是明代發明的多級火箭，用於對敵船發動火攻。其製作方法是，用竹管做龍身，用木料做龍頭、龍尾，首尾兩側各裝一支火箭，龍腹內裝數支火箭。發射時，先點燃首尾火箭，推動火龍前進；首尾火箭將要燃盡時，引燃龍腹內的火箭，繼續射向目標。

「**一窩蜂**」是元代發明的一種多發齊射火箭，明抄本元末火器專著《克敵武略熒惑神機》卷三《遠攻火器》稱之為「無敵一窩蜂火籠」，

明代火龍出水圖

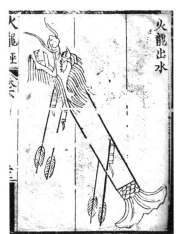

明代火龍出水復原模型

可同時發射二十枚火箭，射程達四五百步 (622 至 777.5 米)，水陸並用，勢如破竹，被視為「火器中第一器」。

據《武備志》記載，明代「一窩蜂」增至三十二支火箭，箭鏃上塗射虎毒藥，各支火箭的藥線連在一根總線上，裝在一個木筒內，可防止被雨淋濕。作戰時，架在車上發射，一車可架十幾筒，「總線一燃，眾矢齊發，勢若雷霆之擊，莫敢當其鋒者……力能貫革，可射三百餘步 (約合 465 米)」。

「**神火飛鴉**」是元代發明的一種多火藥筒並聯推進火箭，用於縱火攻敵。明抄本元末火器專著《克敵武略螢惑神機》卷八粗略描述：「用

竹篾製造，形如飛鳥，兩旁為風翅，腹懸火藥，尾縛摧火。一遇大風，飛送入城中，火光蔽天，賊見而不亂者鮮矣，可乘亂攻之。」

元代神火飛鴉用於掩護攻城。明代《武備志》對神火飛鴉的製法有更具體的描繪，飛鴉所縛火箭清晰可見：用細竹篾、細蘆管和棉紙做成烏鴉狀，腹內裝滿火藥，身下斜釘四支綁縛火藥筒的火箭。發射時，同時點燃四支火箭，可飛百餘丈遠。明代神火飛鴉，不僅可用於陸戰燒營，而且可以用於水戰燒船。

◎ 爆炸類火器

爆炸類火器起源於燃燒類火球。北宋初已發明裝有火藥的燃燒性火器——**火球**（又名火炮），用於焚燒敵軍營陣。

火球一般以火藥為球心，外層用紙、布、瀝青、松脂、黃蠟等包裹，用燒紅的鐵烙錐烙透外殼後，用拋石機拋射，或用人力投擲，火球內部的火藥開始燃燒，產生火焰或毒煙。據《武經總要》記載，這類火器有引火球、蒺藜火球、霹靂火球、毒藥煙球、鐵嘴火鷂、竹火鷂等。

例如，**蒺藜火球**是一種可以撒開鐵蒺藜的火球。球心有三枚具有六個刺頭的鐵刃，用蒺藜火球火藥裹住，中穿一條長約 12 尺的麻繩，外殼用紙和雜藥縛上，將八枚鐵蒺藜放於球上。投放時，先燒紅鐵製烙錐，將火球的球殼烙透，然後用拋石機拋射至敵陣，火藥開始燃燒，產生火焰，將火球燒裂，鐵蒺藜四散，以阻擋敵軍的行動。

霹靂火球屬於守城的燃燒性火器。球心用鐵錢般大小的薄瓷三十片與三四斤火藥拌和，再用橢圓形紙殼裹住，外殼用易燃的配料塗封。

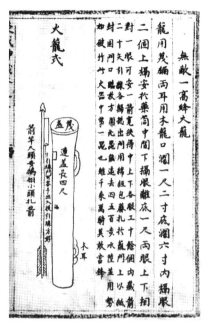

元代「無敵一窩蜂火籠」

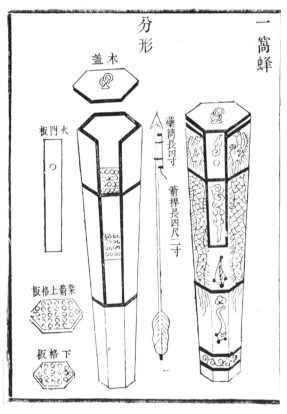

明代「一窩蜂」圖

明代「一窩蜂」復原模型

第 7 章　火器、醫療的發明

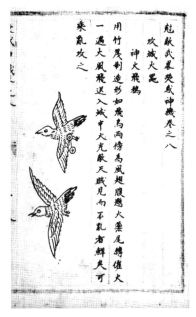

元代神火飛鴉圖

明代神火飛鴉圖

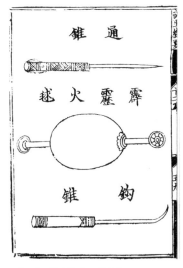

北宋霹靂火球圖

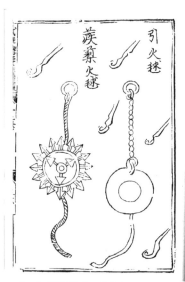

北宋蒺藜火球圖

當敵軍挖地道攻城時，守城方選定地道最佳地點，向下挖掘豎井，用火錐烙開霹靂火球，向敵軍地道內投擲，火藥燒裂，霹靂作響，並用竹扇扇其煙焰，以熏灼地道內的敵軍。

鐵嘴火鷂，屬燃燒性火器，用於守城。以木作鷂身，首安鐵嘴，尾束稈草，火藥裝入草尾中。點着火藥後，用拋石機拋射至敵方攻城士兵羣中或糧草積聚處，引起燃燒。

竹火鷂，亦屬燃燒性火器，用竹片編成長橢圓球形竹籠外殼，籠內裝火藥 1 斤，籠尾綁草 3 至 5 斤，使用方法和燃燒作用與鐵嘴火鷂並無二致。

南宋時發明鐵殼炸彈，名為**鐵火炮**（又稱「震天雷」）。用生鐵鑄成外殼，內裝火藥，並留有小孔安裝引火線。點燃後，火藥燃燒產生的高壓氣體使鐵殼爆碎，可殺傷人馬。南宋時，開始大批生產鐵火炮。

南宋、金、元軍在城壘爭奪戰中常使用**鐵火炮**作戰。例如，《金史·

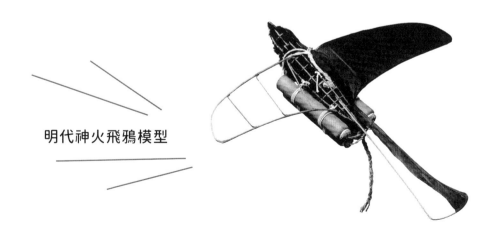

明代神火飛鴉模型

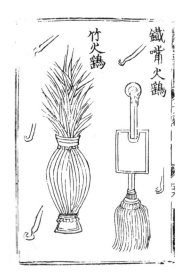

北宋鐵嘴火鷂與竹火鷂圖

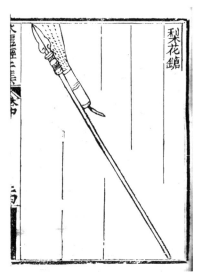

明代梨花槍

赤盞合喜傳》記載，正大九年（1232 年），蒙古軍攻汴梁（今河南開封），金兵用「**震天雷**」炸毀蒙古軍的攻城器械。另據《宋史‧馬塈傳》記載，至元十四年（1277 年），元軍攻破靜江（今廣西桂林）城時，守城宋軍二百五十人與一大型鐵火炮集體殉難。

◎ 管形射擊火器

管形射擊火器，是用竹、紙、銅或鐵製成槍筒發射火藥的武器。最初將火藥筒綁在長槍一類長柄格鬥兵器的頭部，臨陣時，先噴射火藥，殺傷敵軍，然後持槍格鬥。後來逐漸以竹材和銅鐵製槍筒或炮筒，

利用火藥發射彈丸，以殺傷敵軍。

　　見諸史籍的火槍最早有南宋間發明的**長竹竿火槍**、**飛火槍**。例如，南宋紹興二年 (1132 年)，陳規守德安府 (今湖北安陸) 時，組織長竹竿火槍隊，焚毀敵軍攻城天橋。

　　南宋紹定五年 (1232 年)，金軍在守開封時發明噴射火器飛火槍，即在槍首綁一個火藥筒，遇敵時先燃放火藥筒，噴射火焰，燒傷敵人，然後持槍格鬥。

　　南宋時發明了世界上最早使用的管形射擊火器——**突火槍**。用巨竹作發射管，用火藥發射彈丸。

元代銅碗口銃

元代銅火銃

元至正銅手銃

元代創製了金屬管形射擊火器——**銅火銃**。銅火銃由前膛、藥室和尾鑾構成，藥室裝火藥，上方有火門，前膛裝霰彈。發射時，用火繩從火門點燃火藥，射出霰彈。

內蒙古蒙元博物館收藏的元代大德二年 (1298 年) **盞口銃**，是迄今所知的世界上現存最早的火銃。銃體全長 34.7 厘米，口外徑 10.2 厘米，內徑 9.2 厘米，膛深 27 厘米。銃身竪刻兩行八思巴字銘文，釋義即「大德二年於迭額列數整八十」。

◎ 元代銅手銃

元至正銃，全長 43.5 厘米，口徑 3 厘米，重 4.75 千克，銃身自銃口至尾端共有六道箍。銃身前部刻有「射穿百紮，聲動九天」八字，中部刻有「神飛」二字，尾部刻有「至正辛卯」(即至正十一年，1351 年) 和「天山」六字。

除了有銘文記載的元代火銃實物，還出土了無銘文的元代火銃實物。例如黑龍江省阿城縣半拉城子出土一件銅手銃，簡稱 **阿城銃**，銃身全長 34 厘米，銃膛長 17.5 厘米，口徑 2.6 厘米，重 3.55 千克，大致為 13 世紀末至 14 世紀初的製品。

與南宋竹製火槍相比，元代銅火銃具有使用壽命長、射擊速度快、作戰威力大等優點，且開始使用鐵彈丸，彈道性能更佳，殺傷力更大。

◎ 火器部隊神機營

　　明初設寶源局和軍器局，兼造火銃。洪武二十八年（1395 年），朝延設**兵仗局**，專門製造各種火銃。明永樂七八年間，明成祖朱棣下令組建第一支全部使用火器的部隊**神機營**，下編中軍、左掖、右掖、左哨、右哨五軍，裝備神槍、快槍、單眼銃、手把銃、盞口炮、碗口炮、將軍炮、單飛神火箭、神機箭等火器。明成祖多次率兵遠征漠北，每以神機營為先鋒，憑藉火力的優勢，大量殺傷敵軍。

明代「奇字」(左) 與
「勝字」(右) 銅手銃　　　　明代「天字」銅手銃

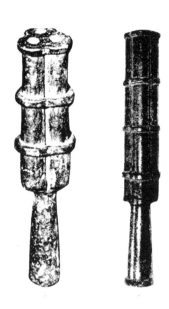

明代三眼銃

　　明代銅手銃，製作精良，口徑減小，身管加長，且鑄造時，自藥室至銃口壁厚度逐漸遞減，提高了射程；火門鑄有長方形槽，上面裝有防護蓋，在風雨中也能引燃射擊。

　　多眼銃是明嘉靖年間發明的多管手銃。用銅或鐵鑄造銃管，鑄有三至十個眼，多管合鑄一體，銃管外有多道強箍，尾部裝木柄。每個銃管各有一個火門，可連續點火發射。多眼銃克服了單管手銃的缺陷，提高了射速。

　　明洪武時，開始鑄造鐵管長筒火炮。例如洪武十年 (1377 年) 鑄造的**鐵火炮**，火炮口徑 21 厘米，全長 100 厘米，口徑大，身管短，管壁厚，屬於前裝臼炮。這是中國古代最早的大型鐵鑄火炮。

明代鐵火炮

　　與銅炮相比，鐵炮身管加長，口徑加大，管壁加厚，管外鑄有多道環箍，增加了火炮的強度，且兩側鑄有炮耳，可調整射擊角度。萬曆年間鑄造的鐵炮身管細長，長度與直徑的比值明顯增大，進一步提高了射程。

◎ 火器的外傳

　　13 世紀，火器傳入阿拉伯，到了 14 世紀，再傳至西班牙。17 世紀時的歐洲，冷兵器已逐漸被火器所取代。

發明 28

中醫診療術

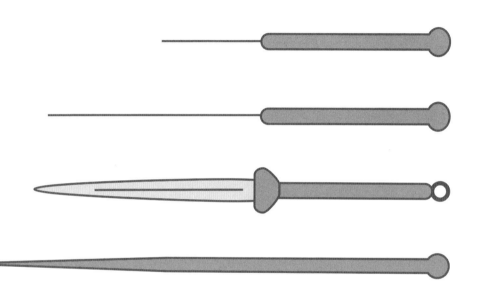

　　中醫理論始於春秋戰國時期。《黃帝內經》(含《素問》和《靈樞》)集先秦時期醫學之大成,奠定了中醫學的理論基礎。經過歷代醫家的闡釋與發展,逐漸形成了以陰陽五行、藏象、氣血津液、經絡、辨證和防治原則等的中醫理論。

◎ 中醫與陰陽學說

　　陰陽,最初是指日光的向背,向日為陽,背日為陰,後來引申為寒暖、內外、動靜等對立又關連的現象。陰陽學說在**《黃帝內經》**時代,已是中醫理論的綱領,貫穿整個中醫理論,用來說明人體的組織結構、生理功能、疾病的發生和發展變化,並以此診斷和防治疾病。

　　簡單地說,中醫理論認為,人體一切結構功能,均可分為陰陽兩部分,陰陽相互依存,相互消長。陰陽平衡,可保健康;陰陽失衡,引發疾病。因此,疾病的診斷首先要辨別陰陽,治療疾病即是調整陰陽,不足者補之,太過者瀉之,使已失去和諧的陰陽,恢復到協調的平衡狀態。

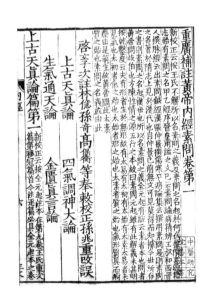

《黃帝內經‧素問》書影

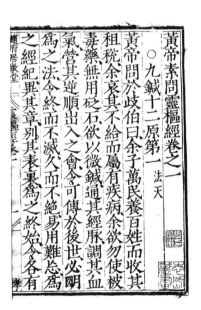

《黃帝內經‧靈樞》書影

◎ 中醫與五行學說

五行學說也屬中國古代哲學的概念。世界上一切事物,都由木、火、土、金、水五種物質運化生成。中醫借用五行學說取象比類和推理演繹的方法,將自然界的五味、五色等與人體臟腑、五官等聯繫起來,例如**肝屬木**、**心屬火**、**脾屬土**、**肺屬金**、**腎屬水**,五臟之間,便具有五行的生克制化關係。

在診斷方面,內臟病變,往往會反映於外表,通過診察患者色澤、聲音、形態、脈象等方面的變化,便可測知內臟病變的情況。在疾病治療方面,需要依循臟腑間五行生克規律,除針對患病臟腑治療外,還應調整各臟腑之間的關係。

回到歷史現場 ●

《黃帝內經》
《黃帝內經》是現存最早的醫學典籍之一,成書時代大約在戰國時期至秦漢之間,並非成書於一人。《黃帝內經》包括《素問》和《靈樞》兩部分,《素問》是以問答形式記述各種醫學的基礎理論,《靈樞》內容大體相同,還集中闡述針灸、針法、針具及治療原則等。

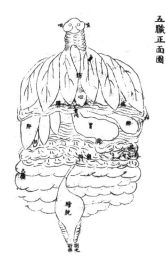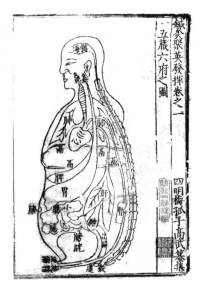

《循經考穴編》之臟腑圖　　　　　《針灸聚英》之內景圖

◎ 藏象學說

藏象，又稱臟象。藏，是指藏於體內不可見的內臟。包括：心、肺、脾、肝、腎，合稱**五臟**；膽、胃、小腸、大腸、膀胱、三焦，合稱**六腑**；腦、髓、骨、脈、膽、女子胞，合稱**奇恆之府**。

象，一般認為有兩個含義，一指臟腑的結構形態之象，二指表現於外的可見的生理、病理現象。藏象學說，就是觀察、分析人體的生理病理現象，研究人體各個臟腑的生理功能、病理變化及其相互關係的學說。

藏象學說認為，臟和腑與陰和陽對應，臟為陰，腑為陽，一陰一陽互為表裏。臟腑由經脈相互聯繫，構成整體。同時，五臟又與五時

對應。肝、心、脾、肺、腎五臟分別與春、夏、長夏、秋、冬相應，換言之，人體的生理功能和病理變化受到四時陰陽的影響。

　　需要注意的是，中醫學的臟器名稱雖與西方醫學的臟器名稱相同，但含義卻不完全相等。中醫藏象學說中的臟腑，不單純是解剖學的概念，而是概括人體生理和病理學的概念。

◎ 氣血津液學說

　　在古代哲學中，**氣**是一個抽象概念，是構成萬物的基本物質。**血**是循行於經脈之內。**津液**是人體正常水液的總稱。中醫認為，氣、血、津、液的生成、運行，與臟腑密切相關。

　　關於氣。人需要從「天地之氣」中攝取營養成分，以養五臟之氣，維持生理活動。**元氣**，負責人體的生長和發育，元氣不足或耗損太過，就會產生各種病變。**宗氣**，主司氣血的運行、呼吸等，具有調節人體生理活動的作用。**營氣**是臟腑、經絡等所必需的營養物。**衛氣**負責護衛肌表，防禦外邪入侵。營氣和衛氣分屬陰陽，二者協調，才能維持正常的生理活動。

　　中醫認為，飲食經脾胃化生為精微之氣，經營氣轉化為津液，灌注於脈，形成血液。腎臟之精轉化為血，肝臟也有造血功能，血液運行到臟腑發揮功能。全身的血通過經脈聚於肺，進行清濁之氣的交換。

　　關於津液。津液包括各臟腑的體液及分泌物，如胃液、腸液和涕、唾、汗、尿、淚、關節液等。氣血津液也屬於陰陽關係。氣無形主動，

屬陽；血和津液有形，主靜，屬陰。氣旺，則化生、行血、行津液的
功能亦強。

◎ 經絡學說

經絡學說用於解釋生理、診斷和治療。經絡為**經脈**和**絡脈**的總稱，
經以縱行為主，與臟腑有密切聯繫；絡是分支，與臟腑無直接的聯繫。
經絡是運行全身氣血，聯絡臟腑肢節，溝通上下內外的通道。

經脈包括十二經脈、奇經八脈和十二經別，是經絡系統的主幹。
十二經脈，又稱十二正經，左右對稱，分佈於頭面、軀幹和四肢，縱
貫周身，是氣血運行的主要通道。

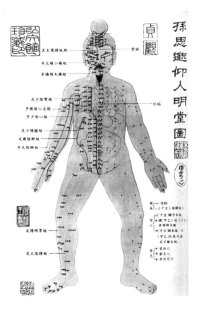

孫思邈《明堂圖》復原

朱璉《新編針灸學》之手陽明大腸經圖

　　奇經八脈，是督脈、任脈、衝脈、帶脈、陰蹻脈、陽蹻脈、陰維脈、陽維脈八條經脈的總稱。具有溝通十二經脈之間的聯繫，並對十二經氣血有蓄積和滲灌等調節作用。

　　十二經別，是從十二經脈別出的經脈，其作用是加強十二經脈與臟腑的聯繫。

◎ 四診：望、聞、問、切

　　中醫診斷分為診法和辨證。診法指望、聞、問、切；辨證，是為症狀、體徵進行分析歸納，以探求病因、病位、病性等，從而確定治療方案。

　　中醫以望、聞、問、切為主的診斷方法，也稱「四診」。早在《周禮·天官冢宰》中，就記錄了通過聞氣味、聽聲音、觀察臉色、考察臟腑等聞診、望診、觸診的方法。

　　望診方面，《黃帝內經》指出面部顏色與五臟、疾病間的關係。

　　聞診方面，《素問·陰陽應象大論》提出了五音、五聲與五臟的關係。

　　問診方面，《黃帝內經》十分強調問診，問的內容很廣泛，除疾病及治療史外，尚有生活史，如貧富、地位、情緒、起居飲食等生活習慣。診察病情要先問起病原因、病情，然後與切脈、望診相參。

　　切診方面，《黃帝內經》保存的切診內容最為豐富，有多個篇章專論脈學理論及診脈方法，內容涉及脈診方法、時間、部位及脈學的生理、病理變化等許多方面。切診方法記有「十二經動脈診法」「三

部九候遍診法」「人迎寸口診法」「寸口診法」「尺寸診法」等多種切脈方法。《黃帝內經》還用到按診法，如「尺膚診」「腹診」等。「腹診」是手按腹部以檢查疾患的一種方法。

◎ 《難經》和《傷寒雜經》

《難經》是較《黃帝內經》稍晚的又一部醫學經典著作，該書在脈診方面論述較多，包括脈診的基本知識、基本理論和正常、反常脈象等。特別是書中提出「獨取寸口」的診脈方法，成為此後千多年脈診的發展方向。

《難經》書影

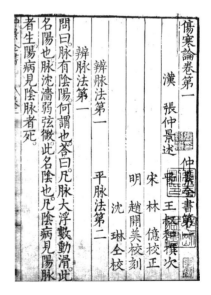

張仲景《傷寒雜病論》書影

　　張仲景的《傷寒雜病論》將前人的診療成果運用到臨牀辨證中，開創了病症結合的診斷模式。其在望、聞、問、切幾方面均有發展。特別值得一提的是，《傷寒雜病論》較多使用了腹診，把腹診分為胸、脅、心、腹幾個部位，有痞、滿、堅、緊、軟、動、音(鳴)等症狀。

◎ 診斷技術的發展

　　隋唐時期，診斷技術已達到較高水平。唐代孫思邈還發明了診斷胸背膿腫的「驗透膈法」，即採用薄紙或竹內膜平貼於胸背瘡口上，在明亮處觀察病人呼吸，如紙不動，則未穿透胸膜，若紙隨病人之深呼吸內陷或外凸者，則是已成膿胸之確證，這種方法無疑很可靠。

　　宋元時期，出現了百家爭鳴的局面，診法專著不斷湧現，施發的

王叔和《脈經》書影

晉代至唐代，診斷技術不斷發展。西晉王叔和《脈經》博採眾長，把脈象歸納為二十四種，並詳細地闡明瞭脈理，使之在臨牀上得以廣泛應用。

《察病指南》、滑壽的《診家樞要》、崔嘉彥的《脈訣》等均為診斷學專著。《敖氏傷寒金鏡錄》為現存第一部文圖並用的驗舌專書。在這一時期還提出了診察指紋的方法，劉昉的《幼幼新書》主張三歲以內小兒以此代替切脈，這種望絡脈紋的方法，一直沿用至今。

宋元以後，診斷技術漸趨規範，早期多彩的診斷技術被歸納為望、聞、問、切四種方法。脈診中的「遍身診」逐漸淡出，雖有醫著涉及腹診內容，但實際很少使用。張杲在《醫說》記載，當時患者多不願脫衣露體，醫者不便對患者進行全身檢查，獨取寸口成為切診的主流。

明清時期，中醫診法又有了長足的發展，診斷學專著如雨後春筍，不斷出現。如林之翰的《四診抉微》、吳謙等的《醫宗金鑒四診心法要訣》概括了四診的要旨。望診方面，汪宏的《望診遵經》博採眾長，在理論和方法上，都有獨到之處。

◎ 中醫的辨證

中醫診察病人，先要找到如何治療之「證」，所謂「證」，即證候，不是簡單的如頭痛、嘔吐、發熱等症狀，而是觀察病人所現的一切症狀，得出的病因、病位、邪正、陰陽偏盛偏衰等病理情況的總稱。

《黃帝內經》已記載了大量病名診斷內容，也有與辨證相關的論述，東漢張仲景第一次把病和證做了明確區分，又將「病脈證」並列。《傷寒雜病論》確立了陰陽、表裏、寒熱、虛實這些辨證的基本範疇，奠定了傷寒病六經辨證方法。

隋唐時期辨證有了進一步發展，巢元方《諸病源候論》以病為綱，

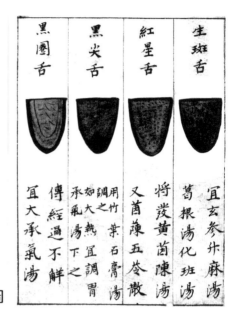

《傷寒點點金》舌象圖

下列各候，是第一部病源證候診斷專著。孫思邈《千金要方》論傷寒以病統證，論雜病以臟腑分證，對臟腑辨證的發展有所貢獻。

宋金元時期，許多醫學著作對證候有所論述，如龐安時《傷寒總病論》論述傷寒六經分證，成無己《傷寒明理論》對傷寒五十種證候進行辨析，張元素《臟腑標本寒熱虛實用藥式》將臟腑寒熱虛實證與寒熱補瀉藥式結合起來，陳言《三因極一病證方論》則是病因辨證中理法完備的著作。

明清期間，不少綜合性醫籍以「證」字標題。如明代戴元禮《證治要訣》、王肯堂《證治準繩》、李用梓《證治匯補》、陳士鐸《辨證錄》等，顯示了辨證的重要性。

◎ 重視治未病

中醫的治療技術包括治療原則和治療方法兩個方面。治療原則方面，可以分為治未病、治病求本、調整陰陽、扶正祛邪，以及因人制宜五個方面。中醫對疾病的預防非常重視，《素問·四氣調神大論》就有「**聖人不治已病治未病，不治已亂治未亂**」。所謂「治未病」，包括未病先防與既病防變。

未病先防，是指在發病之前，做好各種預防工作，以防止疾病的發生。主要方法是調養精神情志、適應自然環境、調攝飲食起居、加強體育鍛鍊等幾個方面。遠在春秋戰國時期，已應用「導引術」，即保健操，還有「吐納術」，即呼吸體操，來預防疾病，後來又有「五禽戲」，即模仿虎、鹿、猿、熊、鳥五種禽獸動作的體操，「太極拳」和「八段錦」等運動身體的方法，以增強體質，提高抗病能力。

古人認為，大部分疾病由外部侵入人體。病邪可能由表及裏，步步深入，因此發現疾病要及早治療，以控制疾病的發展、變化和流行。例如，根據五行相克的順序，肝病會引起脾的病變，那麼在治肝病的同時，要配合健脾和胃的方法，控制疾病的進一步傳變。

◎ 治病求本

至於治病求本，《素問·陰陽應象大論》說：「治病必求於本。」所謂「本」就是疾病的本質。如頭痛，有外感、內傷之不同。外感頭痛有風寒、風熱、風濕之不同；內傷頭痛，又有氣虛、血虛、血瘀、

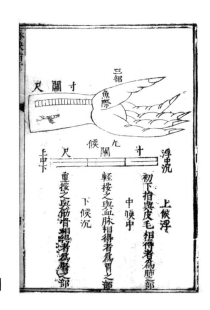

《脈訣指掌》之脈圖

痰濕、肝陽之不同。治療時要根據頭痛的具體臨牀表現，辨證求因，找出疾病的本質，採取解表、益氣、養血、活血化瘀、燥濕化痰、平肝潛陽等不同方法治療。

關於調整陰陽，中醫認為，疾病的發生，是機體陰陽相對平衡遭到破壞，出現陰陽偏盛偏衰，即陰陽失調的結果。對於其治療，《素問·至真要大論》中說要調整陰陽，補偏救弊，恢復陰陽的相對平衡。

中醫認為，治病要因時、因地、因人制宜。氣候、地域、社會環境以及個體差異等都會影響到人體的生理及病理，因此在治療疾病時，要充分考慮發病季節、氣候變化、地理環境以及患者的性別、年齡、體質、嗜好、貧富、性格等個體因素。也即中醫的治療往往具有針對個人定製的性質。

◎ 中醫的藥物治療

中醫的治療方法包括藥物療法、免疫預防療法、針灸療法、外科手術療法、導引、食療等養生療法和推拿按摩、拔罐、刮痧等外治法。

藥物療法是最基本的方法。早在西周時已有專業醫師。《山海經》載有百餘種動物和植物藥，其中不少沿用至今。馬王堆出土的帛書《五十二病方》載方約三百個，涉及藥物已有二百餘種。

東漢末期，藥學專著《神農本草經》問世，該書載藥逾三百種，簡要地記述了藥學的基本理論，如四氣五味、有毒無毒、配伍法度、服藥方法及丸、散、膏、酒等多種劑型，是中藥學的奠定之作。

其後，梁代陶弘景對《神農本草經》進行了注釋整理，並補充東漢以來的藥物學成果，著成《神農本草經集注》。該書載藥達七百多種，對藥物產地、採製加工、真偽鑒別等都有較詳的論述，創用自然屬性分類的方法。

到了唐代，藥物學有了很大發展，政府頒行的《新修本草》收載藥物共八百多種，附有藥物圖譜和文字說明。

宋代是醫藥學發展的高峯期，本草著作層出不窮，官府組織編修了《開寶本草》《嘉祐補注本草》，唐慎微在《嘉祐補注本草》《本草圖經》的基礎上編成《經史證類備急本草》（簡稱《證類本草》），共收載藥物一千七百多種，新增藥物六百多種。

明代李時珍在《證類本草》的基礎上，編成劃時代巨著《本草綱目》。《本草綱目》載藥一千八百多種，插圖千多幅，附方逾萬個。每種藥物分列釋名（確定名稱）、集解（敘述產地）、正誤（更正過去

文獻的錯誤)、修治(炮製方法)、氣味、主治、發明(前三項指分析藥物的功能)、附方(收集民間流傳的藥方)等項。其後,趙學敏編著《本草綱目拾遺》,收錄《本草綱目》未收載的藥物七百多種。到清代中期,文獻收載的藥物已有二千餘種。

◎ 中草藥的製作

　　草藥必須經過一定的方法炮製,才能成為中藥,炮製的目的是為了降低或消除藥物的毒性或副作用,改變或和緩藥性,增強療效,引藥歸經,便於調和製劑。如烏頭經浸泡煮沸後可降低毒性;半夏經漂洗、白礬、生薑炮製後減少了刺激性,一些動物和堅硬植物根塊需要加工處理才可使用。炮製方法有煆、炒、炙、炮、浸、漬、蒸、煮等,輔料有酒、醋、蜜、姜汁、豆汁、甘草汁、米泔水、鹽水、稻米、白礬、滑石粉等多種。

　　醫生開方後,必須製成藥劑才能為病人使用,劑型的種類很多。以湯劑最常用,傳說湯劑由殷商時的伊尹發明,《漢書》記有伊尹作《湯液經法》。《五十二病方》收載的劑型就有餅、麴、油、藥漿、丸、灰、膏、丹、熏、膠等多種。《黃帝內經》中載有湯、丸、散、膏、酒醴等劑型名稱,說明先秦時期劑型已經稱得上豐富了。《傷寒論》有湯劑、丸劑、散劑、栓劑、軟膏劑、酒劑、醋劑、灌腸劑、洗劑、浴劑、熏劑、滴耳劑、灌鼻劑、吹鼻劑等。

◎ 針法和灸法

　　針灸是針法和灸法的總稱。針法是用特製的金屬針，按一定穴位，刺入患者體內，運用操作手法以達到治病的目的。灸法是把燃燒的艾絨，溫灼穴位的皮膚表面，利用熱的刺激來治病。

　　早在石器時代，人們已知道利用尖利的石塊刺身體某些部位或刺破身體使之出血，可以減輕疼痛。漸漸地，醫生製作出專為醫療用途的石器，稱為砭石，用於外科化膿性感染的切開排膿。在考古中曾發現過砭石實物。《山海經》說「有石如玉，可以為針」，是關於石針的早期記載。

　　灸法的產生當與火的使用有關，人們發現身體某部位的病痛經火的燒灼、烘烤而得以緩解或解除，繼而學會用獸皮或樹皮包裹燒熱的

李時珍《本草綱目》書影

孫思邈《千金要方》書影

明代彩繪本《補遺雷公炮製便覽》表現了當時炮製藥物的場景

石塊、砂土進行局部熱熨，逐步發展為以點燃樹枝或乾草烘烤來治療
疾病。經過長期的摸索，選擇了易燃而具有溫通經脈作用的艾葉作為
灸治的主要材料，於體表局部進行溫熱刺激，從而使灸法和針刺一樣，
成為防病治病的重要方法。艾葉具有易於燃燒、氣味芳香、資源豐富、
易於加工貯藏等特點，後來成為最主要的灸治原料。

◎ 甚麼是穴位？

穴位，又稱「節」「會」「氣穴」「氣府」「穴道」「腧穴」等。《神灸經綸》則稱之為「穴位」。《類經·人之四海》載：「輸、腧、俞，本經皆通用。」因此，腧穴又有輸穴、俞穴之稱。雖然穴位被認為具有「按之快然」「驅病迅速」的神奇功效，成為針灸、推拿、氣功等療法的施術部位，然而，時至今日，穴位的實質究竟是甚麼，穴位是不是人體的特殊結構，尚無定論。

《黃帝內經》記載了一百六十個穴位名稱。晉代皇甫謐《針灸甲乙經》把經絡和穴位結合起來，記述了三百四十個穴位的名稱、別名、位置和主治。宋代王惟一受命重新釐定穴位，訂正訛謬，鑄造了專供針灸教學與考試用的針灸銅人二具，置於醫官院，史稱**天聖銅人**。

針灸所用的針具，種類很多，古代使用九針，即《靈樞·九針十二原》及《九針論》所載的鑱針、圓針、針、鋒針、鈹針、圓利針、毫針、長針、大針九種不同形狀和用途的針具。

◎ 中醫的推拿

按摩又稱推拿，古稱按蹻、案扤，也是古老的醫療方法之一。殷墟出土的甲骨文卜辭中就有「按摩」的文字記載。《史記·扁鵲倉公列傳》中說：「上古之時，醫有俞跗，治病不以湯液醴灑，鑱石撟引，

案扤毒熨。」據研究，這裏的「撟引」指自我按摩，「案扤」指為他人按摩。

《黃帝內經》多次論及按摩，指出經絡不通、氣血不通，人體中的某個部位就會出現疾患，在治療上可以用按摩的方法疏通經絡氣血，達到治療的作用。《黃帝內經》中曾有按摩工具的記載，《九針》中的「圓針」，既用於針灸，也用於按摩，常配合使用。秦漢時期，按摩已經成為醫療上主要的治療方法之一。

在三國時期，按摩和導引開始與外用藥物配合應用，出現膏摩、火灸，施行按摩時，塗上中藥製成的膏，既可防止病人表皮破損，又可使藥物和手法作用相得益彰。

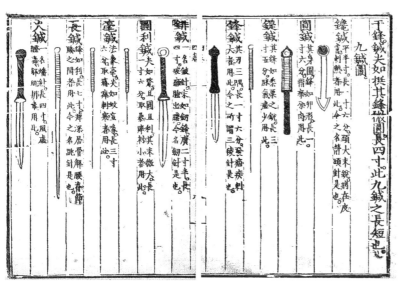

楊繼洲《針灸大成》之九針圖

聖彼得堡藏明代針灸銅人

魏、晉、隋、唐時期，設有按摩科，按摩是官府教育之一種。隋唐時期，膏摩方法有了發展，種類很多，有莽草膏、丹參膏、烏頭膏、野葛膏、陳元膏和木防己膏等，根據不同病情選擇應用。

宋金元時期，按摩療法得到進一步的發展。到了明代，太醫院將按摩列為醫政十三科之一。明清二代，兒科按摩得到長足發展，小兒推拿專著相繼問世，如《小兒按摩經》及《小兒推拿方脈活嬰祕旨全書》《小兒推拿祕訣》《小兒推拿廣意》《小兒推拿直錄》等。

◎ 外科療法

《周禮‧天官篇》把當時的醫生分為疾醫、瘍醫、食醫和獸醫四大類，其中瘍醫即是外科醫生，主治腫瘍、潰瘍、金創和折瘍。

早在公元前 5 世紀，中國就有用麻醉劑的記載。《列子‧湯問》中記載，魯公扈、趙齊嬰有疾，同請扁鵲求治，治癒後，扁鵲又為二人施行換心術，故事看似荒誕，但是，當時已經知道使用「毒藥」製成的酒作為麻醉劑施行外科手術。

馬王堆出土的《五十二病方》記載有感染、刨傷、凍瘡、諸蟲咬傷、痔漏、腫瘤、皮膚病等很多外科疾病，在「牝痔」中記載了割治療法。《三國志》記載，華佗應用麻沸散作為全身麻醉劑進行了剖腹手術。

宋元以後，外科學又有了一定發展，外科專著亦日益增多，其中《衛濟寶書》專論癰疽，並記載了很多醫療器械，如灸板、消息子、煉刀、竹刀、小鈎等的用法。

元代危亦林《世醫得效方》記述了腹部開裂後的縫合方法、縫線

材料等，指出常以桑白皮或麻縷做線。明代外科著作顯著增加，有五十種之多，但是，外科學思想卻趨於保守。在這種思潮之下，外科內治傾向日益明顯，大型的外科手術案例很少見於記載。

關於中醫骨傷科。早在晉代，葛洪的《肘後救卒方》就記載了使用夾板 (竹簡) 醫治骨折的方法。隋巢元方《諸病源候總論》對骨折創傷及其併發症的病源、證候有所論述，亦提出了骨折的治療方法。

唐代骨科技術也達到了很高水平，藺道人《仙授理傷續斷方》是現存最早的一部骨傷科專書，書中記載了骨折、脫臼的牽引、復位、固定、功能鍛鍊和藥物治療。

宋元時代，骨傷整復方法有了較大的進步。元代蒙古族善於騎射，長於骨傷科治療，在太醫院設立了正骨科，危亦林的《世醫得效方》整理了元代以前的骨傷科成就，並有創新及發展。

到了清代，總結了前代骨傷科，《醫宗金鑒·正骨心法要旨》把正骨手法歸納為摸、接、端、提、按、摩、推、拿八法，並介紹了運用手法治療腰腿痛等傷筋疾患的方法，並創造和改革了多種固定器具。

◎ 中醫食療法

養生原本是道家通過各種方法頤養生命、延年益壽的活動。通過飲食起居、情志調理、運動等方法和措施，以增強體質、預防疾病。即所謂「不治已病治未病」。

尤其飲食療法，影響深遠。醫家認為，膳食平衡有助於抵禦疾病的侵襲，日常飲食對於健康非常重要。《素問·臟氣法時論》指出當

《醫宗金鑒》之骨折復位方法圖

身體受到疾病侵襲時需要藥物糾正，而日常飲食需要各類營養平衡。一旦生病，必須藥物治療，也要配合飲食療法。

　　古代醫家也提倡食療先於藥物治療，歷代方書中，均含有相當數量的食療方。到了元代，出現了食療專著《飲膳正要》，介紹了各類食物的功效，收集了大量食療專方，對於孕婦、兒童、老人等的飲食均有專論。

◎ 導引養生

　　導引是**呼吸運動**（導）與**肢體運動**（引）結合的養生術，也是氣功中的動功之一。早在春秋戰國時期，《莊子·刻意》記載，為達到長壽目的而「吹呴呼吸、吐故納新，熊經鳥申」的導引方法。

馬王堆出土之《導引圖》復原圖

　　長沙馬王堆漢墓出土的彩繪帛畫，有四十四個人物的導引圖式，
圖旁注有術式名，部分文字可辨。其中還有大量模仿動物姿態的導引，
涉及的動物有鷂、鶴、猿、猴、龍、熊等。當今體操中的一些基本動
作，在《導引圖》中大抵也能見到，也可以說這是一幅古代體操圖樣。
這說明西漢以前，導引就成為人們鍛鍊身體的一種運動方式。

　　三國時期的華佗把導引術式歸納總結為五種方法，名為「五禽
戲」，即虎戲、鹿戲、熊戲、猿戲、鳥戲，比較全面地概括了導引療
法的特點，但華佗的五禽戲業已失傳，南朝齊梁陶弘景《養性延命錄》

記有華佗「五禽戲」，模仿虎、熊、鹿、猿、鳥等五種鳥獸活動形態，編出一套導引方法。

明代周履靖在所著《赤鳳髓》和《萬壽仙書》中，將它加以改進，減少動作難度，並與行氣相結合，除文字說明外，還繪製出姿勢圖譜。清人更於五種術式之外，加入向後顧望的「鶚顧勢」和搖頭擺尾的「獅舞勢」，稱作**「七禽戲」**。

除此之外，古代還有眾多的導引法，如「赤松子導引法」「寧封子導引法」「彭祖臥引法」「王子喬導引法」「道林導引要旨」等，還有在北宋末出現的「八段錦」，都曾廣為流傳。除此以外，如刮痧、拔罐、三伏貼等一些中醫療法，目前仍廣泛使用。

發明 29

人痘接種

　　人痘接種，也稱種痘，是古代預防天花病的一種方法。首先從天花患者的痘痂或痘漿製成疫苗，在小兒身上進行接種，令小兒輕微感染，產生抗體，以防止天花病毒的侵襲。

◎ 天花傳入中國

古代感染天花病毒的患者死亡率非常高，患者即便有幸存活，痊癒後臉上也會留下終身疤痕，嚴重者損壞容貌，甚至失明。天花病至今仍無特效療法，然而免疫接種卻是有效的預防方法。

天花也稱為「豆瘡」「皰瘡」「膚瘡」「天花斑瘡」「豌豆瘡」「如瘡」「痘瘡」「百歲瘡」「疫病疤瘡」等。大約在 5 世紀，天花通過戰爭俘虜傳入中國，晉代葛洪《肘後備急方》：「比歲有病天行發斑瘡……世人云，以建武中，於南陽擊虜所得，乃呼為虜瘡。」因此天花也被稱為「虜瘡」。

該書還對天花的症狀做了詳細描述：「**頭面及身須臾周匝，狀如火瘡，皆載白漿，隨決隨生。不即治，劇者數多死，治得差後，瘡斑紫黑，彌歲方滅，此惡毒之氣。**」

隋代《諸病源候論》對天花症狀有了更深入的認識：「**若根赤頭白者則毒輕，若色紫黑則毒重，其瘡形如登豆，亦名登豆瘡。**」

唐代王燾在《外台祕要》描述了天花自發疹、起漿、化膿，直至結痂的全過程，並可依據痘疹的色澤、分佈等不同情形來判斷預後。

◎ 天花危害

宋元以後天花日漸猖狂。宋代兒科專家錢乙在《小兒藥證直訣》具體記述了天花的初起證候，並比較與水痘、麻疹的區別。

　　明代以後天花為害愈烈，幾乎成為人人躲不過的疾病，醫家萬全在《痘疹世醫心法》中寫道：「嘉靖甲午年 (1534 年) 春，痘毒流行，病死者什之八九。」可見當時天花流行的禍害。同時，亦觀察到患者癒後可以獲得免疫力：「終身但作一度，後有其氣，不復傳染焉」。

　　歷代醫家總結了治痘、稀痘、防痘的方法，留下數以百計有關痘疹的醫籍，其中就有人痘接種的記載。

◎ 人痘接種始於何時？

　　關於人痘接種發明的時間，有不同說法。清人董玉山《牛痘新書》寫道：「考世上無種痘，諸經唐開元間，江南趙氏，始傳鼻苗種痘之

明代申斗垣《外科啟玄》

法……」即唐開元年間就已發明種痘之法。

朱純嘏《痘疹定論》則言「峨眉山有神醫能種痘，百不失一」，並為丞相王旦之子王素種痘成功，認為北宋時期已有人痘接種法的臨牀應用。

以上兩種說法均屬後人追述，目前尚無足夠的證據。諸多證據表明，人痘接種應在明代隆慶年間或者更早時發明，先在民間流行，然後才見諸文字。

目前所知，最早提到「種痘」一詞的文獻，是明嘉靖年間邵經濟的《泉厓文集》：「汝孫近日種痘亦荷保全。」是感染痘症還是接種人痘則不得而知。

《醫宗金鑒》之「蟲種圖」

　　到了清初，董含的《三岡識略・種痘》清楚記述了種痘的情況：「**安慶張氏傳種痘法，云已三世。其法，先收稀痘漿，貯小磁瓶，遇欲種者……取所貯漿染衣，衣小兒。**」

　　這應是最早的人痘接種記載，從文中可知，在當時，種痘方法已有家傳。

◎ 專業的痘師

　　張扶翼《望山堂文集》記載，康熙三年（1664 年），湖南黔陽流行人痘接種。該年夏季，痘師宋泰來此地設壇種痘，傳種痘術於黔陽，一次為五十餘名兒童接種人痘。所用方法是比較原始的**痘衣法**，即取

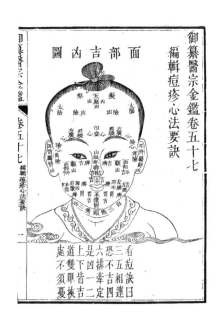

《醫宗金鑒》中根據面部推斷
癒後的「面部吉凶圖」

天花患兒的被褥給未出痘的兒童鋪用，約七八日至十四五日內小兒發燒，一二天後見苗，四十餘名兒童出痘並痊癒，未出痘者十之二三。其「續種之法，恆令一二兒鋪之，使遞相衍」，以防痘苗中斷，一旦苗種斷了，須找專門的痘師選苗和續種。在當地，痘師已成為一種職業。

◎ 天花與清朝皇位

清兵入關前，大多數人未患天花，定都北京後，深受天花威脅，清初史學家談遷在《北遊錄》中記述：「滿人不出疹，自入長安，多出

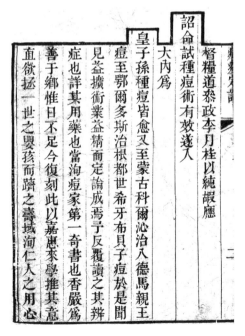

朱純嘏《痘疹定論》
重刻序

疹而殂，始謂漢人染之也。」不少皇室貴冑便因天花而亡，順治皇帝也因染天花於春秋鼎盛之年逝世。

在選定皇位繼承人時，時任欽天監監正的德意志傳教士**湯若望**提出，應立已出過天花、對天花終身免疫的皇三子**玄燁**為繼，即是康熙。

◎ 惠及民間

人痘接種預防天花很快傳入宮廷。到了康熙中晚期，人痘接種已在民間普及。清代名醫張璐在其所著《醫通》(1695 年) 中描述了當時種痘法推廣的情形，並記有旱苗、痘漿和痘衣等法：「其種痘之苗，別無他藥，惟是盜取痘兒標粒之漿，收入棉內，納兒鼻孔，女右男左，七日其氣宣通，熱發點見，少則數點，多不過一二百顆，亦有面部稍見微腫，胎毒隨解，大抵苗順則順，必然之理。如痘漿不得盜，痘痂亦可發苗，痘痂無可竊，則以新出痘兒所服之衣與他兒服之，亦能出痘。」

雍正年間，浙江金華地區因種痘的推廣，死於痘瘡的人大為減少，當時，安全高效的種苗被稱為「丹苗」。《痘科金鏡賦集解》記載，「一枝丹苗」的價格需三金才能買到，十分昂貴。

乾隆時，人痘接種的方法更趨成熟。張璐之子張琰的《種痘新書》是現存最早的種痘專著，極力提倡接種人痘：「**余行痘科數十年，往往見苗順者十無一死，苗凶者，十隻八存，種痘之家，醫人必取吉苗，苗吉則痘無不吉矣。……余遍歷諸邦，經余種者不下八九千人，屈指記之，所莫救者不過二三十耳。若天行時疫，安有如是之吉乎？是以**

道光八年江南雲峯居士勸種痘花招貼

余勸世人，凡有子女，斷不能免痘疹，當時疫未臨之際，宜預請醫人種痘，斯為最得計也。若疫氣臨門，方請人種，恐癘疫之氣預染，醫者固不敢妄種，即種亦難收全美。」

然而，人痘接種仍存在感染天花的風險，醫生的水平參差不齊，更有接種失敗的例子，因此遭到一些醫家反對，引起應否種痘的爭議。

張琰《種痘新書》書影

◎ 四種人痘接種方法

《醫宗金鑒·種痘要旨》將人痘接種方法歸納為四種：

痘衣法。即取天花患兒貼身內衣，給健康未出痘的兒童穿着兩三天，夜間亦不脫下，至九至十一日小兒發熱並出現痘疹，即接種成功。

痘漿法。即將天花患兒的新鮮痘漿，以棉花蘸過塞入被接種者的鼻孔，以此引起發痘。

旱苗法。取天花痘痂研為細末，置曲頸銀管之一端，對準鼻孔吹入，一般到第七天發燒，為種痘已成。

水苗法。根據接種對象的年齡，取痘痂二十至三十粒（或應為二至三粒），研為細末，和淨水三五滴調勻，將新棉攤成極薄片，把所調痘苗裹在內，捏成棗核樣，以紅線拴之，塞入鼻孔內，十二小時後取出。

通常至第七日發燒，發燒三天後見痘，陸續出齊、灌漿、結痂，為種痘成功。

四種方法之中，以水苗法成功率高，發痘也較溫和，較多使用。痘衣法成功率低，痘漿法危險。旱苗法簡便易行也多用，但缺點是吹入力度不易掌握，用力過猛會刺激鼻黏膜，引起鼻涕增多，沖去痘苗而無效。

人痘接種的過程還包括選苗、蓄苗、接種時間和接種對象選擇、調攝等。《種痘新書》除了介紹人痘接種的具體操作方法，還包括如何辨別痘苗吉凶、選擇痘苗的方法、儲藏痘苗之法、新舊痘苗的優劣、接種方法以及接種後的避忌等事項。

《醫宗金鑒‧種痘要旨》也介紹了選苗、蓄苗、天時、擇吉、調攝、禁忌、可種、不可種、接種方法、信苗、補種等步驟及注意事項。

◎ 人痘接種的外傳

人痘接種術約在 17 世紀末、18 世紀初傳到海外。18 世紀，天花流行於歐洲。當時，英國使用人痘接種術對抗天花。有一位醫生愛德華‧詹納 (Edward Jenner) 發現，曾經染上牛痘的工人對人痘接種失效，而且也很少患上天花，於是試用牛痘苗代替人痘苗進行接種，由此而發明了牛痘接種術。

發明 30

青蒿素

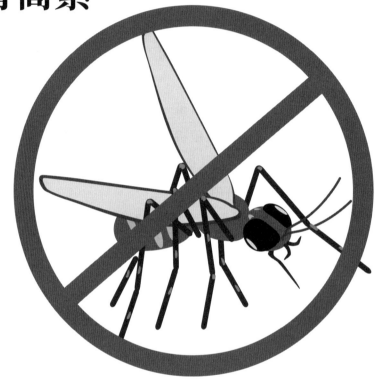

　　青蒿治療瘧疾的歷史長達一千七百餘年，從晉代葛洪的《肘後備急方》到今天仍在不斷發展。而提取自黃花蒿的青蒿素及衍生的青蒿素類藥物，可說是現今最有效的抗瘧疾藥。

◎ 認識瘧疾

瘧疾，又稱冷熱病，是由**瘧原蟲**引起的疾病。瘧原蟲以**瘧蚊**（又稱按蚊）為中間宿主，進入人體後，侵入紅血球內繁殖，導致紅細胞破裂，引致發燒、畏寒，併發貧血和脾腫大，出現昏迷與抽搐等症狀，甚至危及生命。可寄生於人體的瘧原蟲有數種，包括**間日瘧原蟲、三日瘧原蟲、惡性瘧原蟲**和**卵形瘧原蟲**等，分別引起兩天、三天或不規律寒熱症狀發作。

◎ 對抗瘧疾的歷史

一般認為，瘧疾源自非洲，幾乎傳遍全世界，其歷史可說與人類文明史一樣漫長。在古希臘，瘧疾被稱為「沼澤的熱病」，在公元前 1 世紀，瘧疾便曾長期肆虐羅馬。

中國的殷商時代，在甲骨文中已有瘧、疥、蠱、齲、蛔、疫等疾病的記載。有學者認為瘧疾猖獗是**盤庚遷殷**的直接原因。《周禮·疾醫》說「秋時有瘧寒疾」，當時已知瘧疾在秋季流行。南方濕熱的氣候更適合蚊蟲滋生，瘧疾發病率尤高，稱為瘴、瘴癘。《漢書·嚴助傳》：**「南方暑濕，近夏瘴熱，暴露水居，蝮蛇蠚生，疾癘多作，兵未血刃而病死者什二三。」**東漢初征伐交趾，《後漢書·南蠻傳》記載：**「南州水土溫暑，加有瘴氣，至死亡者十必四五。」**可知瘧疾在古時是防不勝防的致命疾病。

中國有關瘧疾治療的記載，早在《黃帝內經》已有，《瘧論》和《刺

瘧》兩個篇章，詳細論述瘧疾的發病原因、分類、症狀、治療方法等，當時治療瘧疾的方法以針灸為主。東漢張仲景《傷寒雜病論》亦有關於瘧疾治療的方劑。東晉葛洪的《肘後備急方》收載四十餘首方劑，明代李時珍的《本草綱目》列出數百種治療瘧疾的藥物和方劑。

　　法國傳教士洪若翰用**金雞納霜**治癒康熙的瘧疾。曹雪芹的祖父曹寅因患瘧疾，曾向康熙求要金雞納霜。金雞納霜被趙學敏收入《本草綱目拾遺》中，稱為金雞勒：「**西洋有一種樹皮，名金雞勒，以治瘧，一服即癒。嘉慶五年，予宗人晉齋自粵東歸，帶得此物，出以相示，細枝中空，儼如去骨遠志，味微辛，云能走達營衞，大約性熱，專捷行氣血也。**」

◎ 發現瘧疾的真相

　　儘管知道瘧疾和沼澤、濕熱有聯繫，但直到 19 世紀末，醫學家才發現瘧疾的發病原因和傳播途徑。法國醫師夏爾・路易・阿方斯・拉韋朗（Charles Louis Alphonse Laveran）、英國熱帶醫學先驅白文信 (Sir Patrick Manson) 和微生物學家羅納德・羅斯 (Sir Ronald Ross) 功不可沒。

　　拉韋朗是位軍醫，一生專心研究瘧疾。他猜想瘧疾的病原體是寄生蟲，1880 年，他用顯微鏡觀察瘧疾病人的血液，發現了瘧原蟲，並確認不是人傳人，那麼，又是怎樣傳播呢？拉韋朗沒找到答案。

　　微生學家**羅斯**在印度研究瘧疾的傳播媒介。1897 年，羅斯用瘧蚊在瘧疾病人身上吸血後，經過飼養、解剖，在瘧蚊胃腔和胃壁中發現

黃花蒿 Artemisia annua
它地面上生長的部分乾燥後即是「青蒿」

了瘧原蟲。1898 年，又在蚊子的唾液中觀察到鳥類瘧原蟲。

　　白文信與羅斯在 1894 年至 1898 年間合作研究，證實了瘧疾由瘧蚊傳播。白文信，又譯萬巴德，長期在亞洲研究熱帶病，是**香港西醫學院**（香港大學醫學院前身）的創立者。羅斯因瘧疾病的研究，於 1902 年獲諾貝爾生理學或醫學獎。1907 年，拉韋朗因原生動物的研究與發現，而獲得諾貝爾生理學或醫學獎。

◎ 消滅瘧疾

　　第二次世界大戰期間，發現 DDT(中文名 : 滴滴涕) 的殺蟲作用並廣泛使用，以對抗瘧疾、黃熱病、斑疹傷寒、絲蟲病等蟲媒傳染

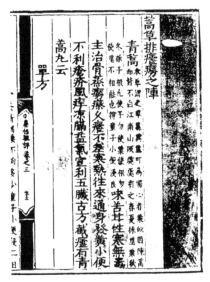

《藥性粗評》書影

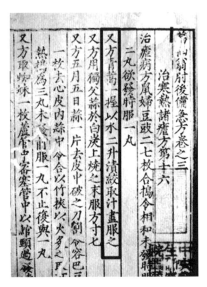

《肘後備急方》書影

病。全球瘧疾一度受控。1955 年，全球興起了消滅瘧疾的運動，到了 1962 年，全球瘧疾的病例已降至新低。然而到了 20 世紀 60 年代末期，瘧疾又死灰復燃。

◎ 青蒿治瘧的發展

關於青蒿，早在《詩經》已有記載，《詩經·小雅·鹿鳴》「呦呦鹿鳴，食野之蒿」。蒿就是青蒿，青蒿素的發現者屠呦呦的名字即源於此詩。馬王堆三號漢墓出土的帛書《五十二病方》亦有關於青蒿治療痔瘡的記載。

約成於東漢的《神農本草經》收載了青蒿，當時稱為草蒿。東晉葛洪《肘後備急方》記載以「**青蒿一握，以水二升漬，絞取汁，盡服之**」。這是關於青蒿治瘧疾的最早記載。

宋代的本草著作對青蒿多有描述。《圖經本草》：「**草蒿即青蒿也。春生苗，葉極細嫩，時人亦取雜諸香菜食之。至夏，高三五尺；秋後，開細淡黃花，花下便結子，如粟米大。**」

《聖濟總錄》載有三個不同組方的「青蒿湯」，分別治療脾瘧、亥瘧和小兒潮熱。青蒿治療瘧疾在廣東、廣西等地由來已久，且十分普遍。這一療法收入《嶺南衞生方》中。

元代朱震亨的《金匱鈎玄》《丹溪心法》均載有「截瘧青蒿丸」，當時用青蒿截瘧已較多應用。直到元代，青蒿治療瘧疾，多數未經高溫煎煮。明初刊刻的《普濟方》中，有多條青蒿治療瘧疾的記錄。到了《本草綱目》，書中全面引證了前人關於青蒿（草蒿）的論述，包括葛洪《肘後備急方》中關於青蒿治瘧疾的內容，並且列舉了包括青蒿在內百餘種治療瘧疾的藥物，以及青蒿配合其他藥物治療瘧疾的用法。在李時珍時代，用青蒿治療瘧疾已很普遍。

明代晚期的方書中，如《增刻醫便》《萬氏家抄方》《症治析疑錄》《痘疹傳心錄》《士材三書》《傅信尤易方》《全生指迷方》等多部著作都引用了「截瘧青蒿丸」方，或者載有青蒿治瘧的方子，並注明「截瘧神效」。有些方子經過煎煮或用童便炮製，有些使用陰乾的青蒿葉製成丸劑，有些搗汁生服。

清代的醫方和本草著作中，青蒿治療瘧疾的記載更是有增無減。清末民國時期出版了一些藥店出售成藥的品目，如《蘇州勞松壽堂丸

屠呦呦在實驗室

散膏丹膠露目錄》《彭太和堂丸散膏丹集錄》《上海汪恆春堂丸散膏丹匯編》《上海雷桐君堂丸散全集》《姜衍澤堂發記丸散膏丹匯集》《長沙同德泰丸散膏丹總目錄》《北平慶仁堂虔修諸門應症丸散膏丹總目》等，都載有青蒿露或鮮青蒿露，《葉種德堂丸散膏丹全錄》載有陳青蒿露，多寫明「治療骨蒸勞熱，久瘧久痢」。青蒿露成為藥店的一種日常銷售成品，說明青蒿治療瘧疾在清末民初十分普遍。

◎ 青蒿素的發現

首先要說明清楚，青蒿素是從黃花蒿提取出來，而非青蒿。今天稱為青蒿的中藥並不含有青蒿素。事實上，古代的植物分類並不細緻，以前青蒿又稱草蒿，沈括《夢溪筆談》卻提到青蒿有兩個品種，直至《本草綱目》才棄用草蒿之名，正名青蒿，同時又增加了黃花蒿這一

研發工作場景

品種植物名稱，以區別兩個不同的品種。

20 世紀 60 年代，惡性瘧原蟲的抗藥性日益嚴重，瘧疾再次爆發，東南亞一帶尤其嚴重。越南戰爭爆發，北越（越南民主共和國）軍隊大受瘧疾威脅。1967 年，中國開始研究抗瘧藥物，計劃名為「523 項目」，以協助北越解決瘧疾問題。最初篩選抗瘧疾的化合物和中草藥，但未取得進展。1969 年，中醫研究院中藥研究所參加了這一項研究工作，並任命屠呦呦為組長。

屠呦呦另闢蹊徑，首先大量收集及整理中醫歷史醫籍、本草文獻、古代方劑等，匯集了內服、外用，包括植物、動物、礦物等二千餘種方藥，在這基礎上，再篩選出逾六百個藥方，整理成 **《瘧疾單祕驗方集》**，繼續進行研究。不久，開始以鼠瘧動物為模型，對中藥進行篩選的實驗研究工作。

1971 年，屠呦呦讀到東晉葛洪《肘後備急方》「青蒿一握，以水

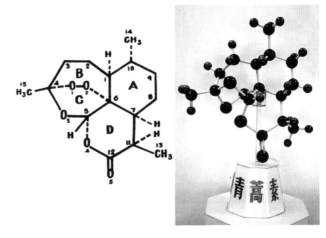

青蒿素結構

二升漬，絞取汁，盡服之」，發現此方不用傳統的水煎煮，因而得到
啟發，認為高溫或酶解可能破壞青蒿的有效成分，於是改以乙醚低溫
萃取黃花蒿，最終獲得青蒿素。

回到歷史現場

屠呦呦與諾貝爾獎

屠呦呦是浙江寧波人，是青蒿素和雙氫青蒿素的發現者，因研究
抗瘧藥物的貢獻，而在 2015 年獲得諾貝爾生理學或醫學獎。
這屆醫學獎由三人共得，除屠呦呦外，其餘二人分別是美籍愛爾
蘭裔的坎貝爾和日本的大村智。坎貝爾與大村智先後發現新藥「伊
維菌素」以對抗多種寄生蟲。

屠呦呦接受 2015 年諾貝爾生理學或醫學獎

　　經過多年進行數千例臨牀試驗後，屠呦呦團隊證實了青蒿素的療效。而在青蒿素的結構測定方面，卻又遇到不少困難，1977 年，屠呦呦終於公佈青蒿素的化學結構。1986 年，青蒿素獲得新藥證書，並先後研製出青蒿素栓劑和片劑。

　　研究顯示，青蒿素能夠阻斷瘧原蟲的營養供應，此外，亦能抑制其他寄生蟲。青蒿素可以殺滅血吸蟲，對焦蟲病、肺吸蟲病、弓形蟲病、卡氏肺孢子蟲病、利什曼原蟲感染等多種寄生蟲病均有治療效果。使用青蒿素類藥物治療癌症也是近年研究的課題之一。

　　2011 年，屠呦呦因發現青蒿素而獲得拉斯克臨牀醫學獎，2015 年獲得諾貝爾生理學或醫學獎。

主　編：華覺明　馮立昇

責任編輯：華田　楊歌

裝幀設計：華田

排　版：華田

印　務：劉漢舉

中國
三十大發明

■ 出版 ■

中華教育

香港北角英皇道 499 號北角工業大廈 1 樓 B
電話：（852）2137 2338　傳真：（852）2713 8202
電子郵件：info@chunghwabook.com.hk
網址：http://www.chunghwabook.com.hk

■ 發行 ■

香港聯合書刊物流有限公司

香港新界荃灣德士古道 220-248 號
荃灣工業中心 16 樓
電話：（852）2150 2100
傳真：（852）2407 3062
電子郵件：info@suplogistics.com.hk

■ 印刷 ■

美雅印刷製本有限公司

香港觀塘榮業街 6 號海濱工業大廈 4 樓 A 室

■ 版次 ■

2020 年 11 月第 1 版第 1 次印刷

©2020 中華教育

■ 規格 ■

16 開（235mm×170mm）

ISBN：978-988-8676-57-6